教育部人文社会科学研究青年基金项目（17YJC630152）资助出版
国家自然科学基金青年基金项目（71902073）资助出版

基于体力活动的食品能量信息对消费者决策的影响研究

王晗蔚　郑伟程　著

中国农业出版社
北　京

前　言

近年来，随着我国经济社会的发展和卫生服务水平的不断提高，居民健康状况和营养水平得到了不断改善。然而随着膳食结构的变化，居民能量摄入过剩的问题日益凸显，居民超重和肥胖率以及由此导致的相关疾病（如高血压、糖尿病、冠心病等）逐年增加。为科学指导居民合理膳食，国家卫生健康委员会于2022年发布了《中国居民膳食指南(2022)》，其中第二条准则就提出“吃动平衡，健康体重”。在政府采取各项措施指导居民合理膳食的同时，越来越多的消费者开始重视个人健康，尤其是吃什么、吃多少。

食品营养信息在引导消费者合理选择食品、促进膳食营养平衡以及保护消费者知情权和身体健康方面发挥着重要作用，而能量是营养标签上最重要的信息之一。不仅相关法规规定食品包装上提供能量信息，越来越多的健康管理APP也提供记录饮食的功能。但现有研究发现，以卡路里表示的食品能量信息对人们食品决策的影响并不明显。为增强食品能量信息对消费者决策的影响，一些国家在列出食品能量的同时，也列出一些辅助信息，比如等价的体力活动，即需要做多少运动才能将食品提供的能量消耗掉。例如，一个汉堡提供的能量是290大卡，需要步行90分钟才能将这些能量消耗掉。

然而基于等价体力活动的食品能量信息对消费者食品决策产生何种影响？现有研究得出的结论并不一致。以往研究之所以得出不同结论，很可能是因为研究者们采用的体力活动类型、食品决策情境等不同。以何种形式表示等价体力活动更能促进消费者选择低能量食品？这种能量信息影响消费者食品决策的内在机理是怎样的？基于体力活动的食品能量信息在何种情境下对消费者的影响更大？现有研究尚未对这些问题进行系统的讨论。对上述问题的厘清与阐释，成为本书努力的方向与力求突破的关键。

本书所做主要工作及得出结论如下：

（1）与看到卡路里表示的能量信息相比，当人们看到等价体力活动表示的能量信息时，他们选择低能量食品的个数更多，并且预测自己会消费更少数量的食品。此外，与使用步行表示食品能量相比，使用跑步这种更剧烈的活动表示食品能量信息时，人们预测自己消费食品的数量更少。

（2）预期负面情绪在基于体力活动的食品能量信息对消费者决策影响过程中起到中介作用。具体而言，与卡路里表示的食品能量信息相比，用等价体力活动表示食品能量信息时，人们预测自己在消费食品后会更后悔、更内疚和更羞愧，因此消费食品的数量也更低。

（3）基于体力活动的食品能量信息对消费者决策的影响受到食品类型和决策情境的调节。首先，基于体力活动的食品能量信息对消费者决策的影响受食品类型（健康食品 vs 垃圾食品）的调节。具体而言，对于健康食品，无论使用卡路里表示食品能量信息，还是使用等价体力活动表示食品能量信息，消费者预计的食品消费量没有显著差异；而对于垃圾食品，同用卡路里表示的食品能量信息相比，当用等价体力活动表示食品能量信息时，消费者预计的食品消费量更低。其次，基于体力活动的食品能量信息对消费者决策的影响受决策情境（根据分析做决策 vs 根据情感做决策）的调节。具体而言，当人们根据分析做决策时，无论使用卡路里表示食品能量信息，还是用等价体力活动表示食品能量信息，消费者预计食品消费量没有显著差异；而当人们根据情感做决策时，同用卡路里表示的食品能量信息相比，当用等价体力活动表示食品能量信息时，消费者预计的食品消费量更低。

目　　录

第1章　绪　　论

1.1　研究背景与研究意义

1.1.1　研究背景

国家卫生健康委员会发布的《中国居民营养与慢性病状况报告（2020 年）》显示，近年来，随着经济社会的持续发展和卫生服务水平的不断提高，我国居民体格发育与营养不足问题持续改善，城乡差异逐步缩小。居民健康意识也在逐渐增强，居民吸烟率、二手烟暴露率、经常饮酒率都有所下降，家庭减盐也取得成效。然而随着膳食结构的改变，居民不健康的生活方式仍然普遍存在，膳食脂肪供能比持续上升，居民超重肥胖问题不断凸显。1982 年我国的超重人口仅占总人口的约 7%，2015 年，我国 18 岁及以上成人超重率、肥胖率已分别上升至 30.1%和 11.9%，而到 2018 年，我国城乡各年龄组居民超重率、肥胖率继续上升，18 岁及以上成人超重率、肥胖率已分别上升至 34.2%和 16.4%（国家卫生健康委疾病预防控制局，2020）。早在 1948 年，世界卫生组织已将肥胖列入疾病名单，并认为其是患Ⅱ型糖尿病、心血管病、高血压、中风和多种癌症的危险因素。

为科学指导居民合理膳食、促进居民健康水平的提高，中国营养学会于 2022 年发布了最新版本的《中国居民膳食指南（2022）》，其中第二条准则就提出"吃动平衡，健康体重"，建议人们饮食不应过量，而且要保持能量平衡。各年龄段人群都应天天进行身体活动，保持健康体重（中国营养学会，2022）。因此，如何让消费者科学合理地选择食物成为中国食品消费市场亟待解决的一大问题。

食品能量信息在引导消费者合理选择食品、促进膳食营养平衡、保护消费者知情权和身体健康方面发挥着重要作用。2011 年中华人民共和国卫健委发布的食品安全国家标准《预包装食品营养标签通则（GB 28050—2011）》中指出"所有预包装食品营养标签强制标示的内容包括能量、核心营养素的含量值及其占营养素参考值（NRV）的百分比。"（中华人民共和国卫健委，2013）。

这一国家标准的发布和实施，对食品营养标签的标示进行了指导和规范，也能够帮助消费者通过营养标签获得食品正确的营养信息，进而合理选择食品。此外，不仅国家标准规定了食品包装上需提供能量等食品核心营养素信息，越来越多的健康管理 APP（例如薄荷健康等）也提供查询能量、记录能量摄入等功能。然而现有研究发现，目前采用的以卡路里表示的能量信息并未对人们的食品决策产生显著影响。这种现象产生的一个重要原因是，消费者不一定理解以千卡或千焦表示的能量（Feunekes 等，2008）。为增强能量信息对消费者食品决策的影响，一些国家对食品能量信息的展示采取了改进措施，其中一种就是在列出以卡路里表示的食品能量的同时，也列出需要做多少体力活动才能将该食品提供的能量消耗掉（即等价体力活动）（Dowray 等，2013）。比如，一包薯片提供 230 大卡能量，消费者需要步行 72 分钟才能将这些能量消耗掉。

1.1.2 研究问题的提出

与卡路里表示的能量信息相比，基于体力活动的食品能量信息是否会对消费者决策产生更大的影响？现有研究得出的结论并不一致。一些学者发现，用等价体力活动表示食品能量时，消费者会选择能量更低的食品（Bleich 等，2012；Dowray 等，2013），也有一些研究显示，与用卡路里表示的食品能量相比，基于体力活动的能量信息对消费者的购买行为并不会产生更大的影响（Jue，2012）。既有研究之所以得出不同结论，很可能是研究中使用的样本、用等价体力活动表示食品能量信息时采用的体力活动类型、食品类型等不同造成的。此外，研究者们忽略了对等价体力活动表示的食品能量信息影响消费者决策的边界条件和潜在机理为何等问题的讨论。

本书拟从消费者行为学视角对如下几个问题展开探索与研究：与传统的以卡路里表示的食品能量信息相比，用等价体力活动表示食品能量信息时，以何种形式表示等价体力活动更能促进消费者选择低能量食品？这种能量信息影响消费者食品决策的内在机理是怎样的？基于体力活动的食品能量信息在何种情境下对消费者的影响更大？现有研究尚未对这些问题进行系统的讨论。对上述问题的厘清与阐释，成为本书努力的方向与力求突破的关键。

1.1.3 研究意义

本书在市场营销学、消费者行为学、营养学现有研究的基础上，探讨基于体力活动的食品能量信息对消费者决策的影响，以及这种影响成立的边界条件和潜在的作用机制。本书具有一定的理论意义和现实意义：

(1) 理论意义

国内关于食品营养标签、能量信息的研究多见于营养学、食品科学、农业等学科的学术期刊，且这些研究多从营养学、食品科学的视角展开，在研究方法上主要采用调查法，而从消费者行为学视角展开、采用实验法的研究还比较少，尚处于起步阶段。本书从消费者行为学视角切入，引入预期情绪、产品类型等概念，研究等价体力活动表示的食品能量对人们食品决策的影响，拓展了现有研究的视角。

以往关于食品消费的研究，鲜有学者对基于体力活动的食品能量信息影响消费者决策的原因进行深入探讨。本书认为预期情绪很可能是这种影响的潜在中介变量，本书拟对这种中介效应进行更系统的检验，探索是什么原因使得基于体力活动的食品能量信息促使消费者选择能量更低的食品。由于本书将深层挖掘等价体力活动表示的食品能量信息对消费者决策产生作用的潜在原因，因此，这将深化食品能量信息对消费者决策影响的现有研究。

现有研究将消费者对食品的选择作为因变量进行研究时，选用了不同种类的食品，有些研究使用的刺激物是不健康的食品，比如含糖饮料、快餐，而有些研究使用的是健康食品，比如水果干、燕麦片等。不同的决策情境中，比如食品类型不同时，用等价体力活动来表示能量信息是否会对消费者决策产生不同的影响？本书拟在梳理现有文献的基础上提出相应的研究假设，探索等价体力活动表示的食品能量对消费者的影响是否受到决策情境等变量的调节。具体而言，本书将剖析识别使用等价体力活动表示食品能量时，在何种决策情境下、对哪类食品而言，上述能量信息会对消费者决策产生更大影响，即检验食品能量信息表达方式对消费者决策的影响同决策情境、食品类型之间是否存在交互作用，并解释现有研究得出结论不一致的原因。

(2) 实践意义

良好的居民营养和健康状况既是社会经济发展的基础，也是社会经济发展的重要目标。食品营养信息在引导消费者合理选择食品、促进膳食营养平衡，保护消费者知情权和身体健康方面发挥着重要作用，而能量是营养标签上最重要的信息之一。使用实证研究分析等价体力活动表示的食品能量信息比卡路里表示的能量信息更有效的作用机制和适用情境，能够为有关部门制定食品标签的相关政策措施提供一定的理论依据，有利于促进我国居民健康水平的提升。

不仅有相关法规规定食品包装上需提供能量信息，越来越多的健康管理

APP也提供查询能量、记录能量摄入等功能。本书将剖析、识别在哪些决策情境中、对哪类食品而言，等价体力活动表示的食品能量对消费者食品决策会产生更大的影响，这将为包装食品生产企业、餐饮企业以及健身、减肥APP的开发商向消费者提供更清晰、更有利于理解的能量信息提供有益的实践指导。

本书将探索等价体力活动表示的食品能量信息影响消费者决策的潜在原因，而理解基于体力活动的食品能量信息影响消费者决策的潜在原因，寻找有利于消费者理解的食品能量信息表达方式，能够增加消费者对食品能量标签的认知，帮助消费者控制总能量的摄入，降低肥胖与多种慢性疾病的风险，促进居民生活质量和幸福感的提高。

1.2 研究内容

1.2.1 研究内容概要

本书实证研究部分主要从以下三个方面展开：

(1) 基于体力活动的食品能量信息对消费者决策影响的主效应研究

食品能量信息对消费者决策影响的有效性取决于人们是否能正确地理解、使用这些信息。现有食品标签上的能量信息之所以对消费者产生的影响很小，很可能是因为这些能量信息不利于人们理解（Feunekes等，2008）。以等价体力活动表示食品能量，比如“你需要走90分钟才能把该食物提供的能量消耗掉”，通常更有助于消费者理解能量信息（Downs、Wisdom和Loewenstein，2015），消费者更容易联想到摄入过多能量需要付出的代价（Swartz等，2013），此时人们更有可能选择能量低的食品。基于此，本书提出与卡路里表示的食品能量相比，以等价体力活动表示食品能量时，消费者更会选择能量较低的食品。

此外，现有关于等价体力活动表示的食品能量的研究，研究者们在呈现实验刺激物时，选择了不同类型的体力活动类型（步行、跑步等），这些因素都有可能是现有相关研究得出的结论不一致的原因。Swartz等（2013）通过焦点小组访谈发现，跑步比步行更令人不快，将食品能量转化为跑步所需要的时间（或距离）可能会对消费者的决策产生更大影响。而从我国传统养生观点看，步行、散步能够怡情，不会给人们带来思想负担（徐月英和王喜涛，2006）。因此本书提出，与使用轻松的体力活动相比，使用剧烈的体力活动表示食品能量时，消费者更会选择能量较低的食品。

（2）基于体力活动的食品能量信息对消费者决策影响的中介变量探索

基于体力活动的食品能量信息对消费者决策影响的潜在机理为何？已有研究尚未对这一问题进行系统讨论。本书认为预期情绪可能是这一过程的一个中介变量。人们经常要事先预测未来某件事情或行为发生时会体验到何种情绪，情绪预测的结果就是预期情绪（Wilson和Gilbert，2003）。相比于卡路里、千焦，以体力活动表示的能量，消费者不需要拥有丰富的营养知识就能理解其意义。当消费者看到等价体力活动表示的能量信息，很有可能会预料到如果选择、消费能量比较高的食物，就需要花费更多时间、体力将摄入过剩的能量消耗掉（Swartz等，2013），此时消费者可能会产生负面的预期情绪，因此更有可能避免选择能量较高的食物，而去选择能量较低的食物，因为低能量食物不需要付出太多代价就能将其提供的热量消耗掉。相对而言，人们看到卡路里表示的能量信息时，不太可能体会到负面的预期情绪。因此本书认为预期情绪可能是基于体力活动的食品能量信息对消费者决策影响的一个潜在中介变量。因此，本书提出，基于等价体力活动的食品能量信息通过预期情绪影响消费者的食品决策行为。

（3）基于体力活动的食品能量信息对消费者决策影响的调节变量识别

等价体力活动表示的食品能量信息在不同的情境中对消费者不同类型食品决策的影响也有差异。本书认为食品类型、消费者决策情境这两个重要因素都有可能是上述主效应的调节变量，而现有研究尚未对这两个因素进行系统的探讨。

①食品类型的调节作用。Wertenbroch（1998）提出了有益品和有害品的概念。具体到食品消费领域，垃圾食品（比如，巧克力蛋糕等）的消费能给人们带来即时的快感，但从长期看，它们会有损人们的健康，而健康食品（比如，水果等）却相反（Mishara和Mishra，2011）。此外，对于提供同样能量的食品，它们的健康程度可能不同。比如，相同质量的扁桃仁与饼干所含能量都很高，但扁桃仁富含人体必需的氨基酸和微量元素，而饼干除了脂肪和碳水化合物，几乎没有什么对人体有益的成分（王燕等，2009）。根据健康食品和垃圾食品的分类，我们推测，对于垃圾食品，人们会想到食用它们之后要把能量消耗掉，而对于健康食品，人们的这种想法会减弱。因此，本书提出，基于体力活动的食品能量信息对消费者决策的影响受食品类型（健康食品 vs 垃圾食品）的调节。具体而言，对于健康食品，同用卡路里表示的食品能量信息相

比，当用等价体力活动表示食品能量时，消费者选择的食品能量没有显著差异；对于垃圾食品，同用卡路里表示的食品能量信息相比，当用等价体力活动表示食品能量时，消费者更会选择能量较低的食品。

②决策情境的调节作用。除了食品类型，决策情境的不同也会影响等价体力活动表示的食品能量对消费者决策影响的强度。在一些决策情境中，消费者主要根据情感作出决策和判断，而在有些决策情境中，消费者则根据分析作出决策与判断（Hsee 和 Rottenstreich，2004；姚卿，陈荣和赵平，2011），由于以体力活动表示的食品能量令消费者意识到摄入过多能量所需付出的代价，给他们带来负面的情感体验，所以本书认为，当人们根据情感做决策时，这种形式的食品能量信息给他们带来的影响会更大。因此，本书提出，基于体力活动的食品能量信息对消费者决策的影响受到决策情境的调节。具体而言，当消费者根据情感做决策时，同用卡路里表示的食品能量信息相比，当用等价体力活动表示食品能量时，消费者选择的食品能量更低；当消费者根据分析做决策时，同用卡路里表示的食品能量相比，当用等价体力活动表示食品能量时，消费者选择的食品能量没有显著差异。

1.2.2 各章节内容组织

在前期理论准备和相关研究成果的基础上制定了本书的基本研究框架，各章节的主要内容如下：

第 1 章：介绍本书的背景、研究的意义、研究内容与研究方法等。从现实生活中卡路里表示的食品能量信息对消费者影响效果不显著为切入点，提出本书的研究问题以及研究意义。根据研究问题构建本书的整体框架，并明确每一部分的研究内容。在确定了研究内容的基础上，制定每一部分为实现研究目标所采用的研究方法。

第 2 章：对相关文献与支撑理论做文献综述。本章首先从感官、情绪、情境、个体差异等四个方面探讨了食品选择决策与食品消费量决策的影响因素。而后本章引出了食品能量信息这个对消费者食品选择、食品消费量产生影响的重要情境因素。在回顾了各种不同类型的食品能量信息之后，本章重点对等价体力活动表示的食品能量信息对消费者食品决策的影响进行了整理，为随后研究假设奠定基础。

第 3 章：第 3 章至第 5 章是本书的实证研究部分。在第 3 章将开展两个实证研究，使用不同的决策情境、实验刺激物以及因变量的测量方法来检验以等价体力活动表示食品能量信息时，人们的食品消费决策会受到怎样的影响。具体而言，本章首先提出研究假设，指出与用卡路里表示食品能量相比，以等价体力活动表示食品能量时，消费者更会选择低能量的食品。随后，本章采用两个单因素两水平的组间实验设计，将参与者随机分配到两种不同的实验情境中，一种情境下参与者看到的食品能量是以卡路里表示的，一种情境下参与者看到的食品能量是以等价体力活动表示的。在研究 1 中，每位参与者在实验中将看到 10 组零食或饮料，每组零食或饮料都由一个高能量的选项和一个低能量的选项构成，参与者要从两个选项中选择一个。我们将考察这两个实验组的参与者选择低能量选项的个数是否有显著差异。在研究 2 中，我们请参与者想象一个情境，在这个情境中他们可以食用一包零食，请他们估计在这一情境中他们愿意食用这包食品的百分之多少。我们将考察这两个实验组的参与者预计自己消费的食品数量是否有显著差异。

第 4 章：本章将采用两个实验研究进一步探索第 3 章的研究中发现主效应的潜在机理。首先，研究 3 探讨当使用等价体力活动表示食品能量信息时，使用剧烈的体力活动表示食品能量信息和使用轻松的体力活动表示食品能量信息时，人们的食品消费决策是否有显著差异。我们推测用较剧烈的体力活动表示食品能量时，由于消费者联想到需要通过剧烈体力活动来消耗摄入某种食物的能量，会感到更加不愉快，所以选择的食品能量更低。在此基础上，在研究 4 中，我们测量了人们预计自己消费食品后会产生的负面情绪，检验预期负面情绪在基于体力活动的食品能量信息对消费者决策影响中的中介作用。

第 5 章：本章将采用两个双因素组间设计的实验研究探索基于体力活动的食品能量信息对消费者决策影响的调节变量，从另外一个角度验证预期负面情绪的中介作用。首先，研究 5 探讨了食品类型的调节作用。我们预测，当消费者面对的是垃圾食品时，使用等价体力活动表示食品能量信息时，人们预计消费食品的能量更低，因为从长期看，垃圾食品对人们的健康是有害的，用等价体力活动表示食品能量信息时，人们预测自己在消费食品后更后悔、更内疚和更羞愧，预计自己消费食品的数量也更低。而当消费者面对的是健康食品时，人们在想到食用这些食品之后不太会产生负面情绪，所以其预计消费数量也不会受到影响。而在研究 6 中，我们探讨了决策情境的调节作用。我们推测，当人们根据情感做决策时，基于体力活动的食品能量信息给他们带来比较大的预期负面情绪，进而影响其食品决策，而当人们根据分析做决策时，他们不会产生很大的预期负面情感，因此其食品消费决策不会受到影响。

第 6 章：本章将对全书的研究进行总结，对第 3 章到第 5 章的实证研究得到的主要结论进行整合与讨论。根据研究结果探讨相关的管理启示，并分析、指出了本书的局限性以及未来的研究方向。

1.3 研究方法与技术路线

1.3.1 研究方法

本项目的研究思路为：分析以等价体力活动表示食品能量时，如何展示信息、选择何种类型的体力活动更有利于消费者理解食品能量信息，对消费者决策的影响更大；探索以等价体力活动表示的食品能量对消费者食品决策影响的内在机理，对预期情绪的中介作用进行检验；识别等价体力活动表示的食品能量影响消费者决策的适用情境，检验食品类型、决策情境等变量的调节作用。具体使用到的研究方法有：

（1）文献研究

文献研究法是指研究者通过对现有文献进行查阅、梳理和分析，明确研究的主要目标，挖掘研究的理论依据的一种研究方法。本书在理论模型构建阶段，将首先通过文献研究方法，全面检索国内外重要学术期刊的研究结果，并对这些研究成果进行归纳、整理和分析。此外，我们还对普通消费者、专家进行访谈，发现消费者对体力活动表示的食品能量的态度、看法，挖掘可能存在的调节变量和中介变量。通过文献研究并结合访谈结果形成完整的理论框架。

（2）定量研究

定量研究是社会科学领域的一种基本研究范式，它和定性研究对应，是指用统计学、数学等方法对社会现象进行系统的实证研究。与定性研究不同，定量研究使用事先确定好的问题，采用实验、问卷调查等形式，对大量的被调查者进行调研。定量研究的主要目的是开发和运用与社会现象有关的数学模型、理论或假设（Given，2008）。在本书的研究中，主要使用到的定量研究方法是实验法。

具体而言，在主效应的研究阶段，本书采用单因素的组间设计检验研究假设。其中，操纵的自变量为食品能量信息表达方式，因变量是参与者选择低能量食品的个数或者预计消费的食品百分比。我们同时还会测量参与者的卡路里知识、BMI 等信息，来控制这些变量对研究结果可能产生的影响。

在中介效应的研究阶段，我们将采用单因素的组间设计实验检验研究假设。这部分与检验主效应时的实验设计类似，但不同的是，我们同时还要对中介变量进行测量。在调节效应的研究阶段，我们将采用双因素的组间设计检验研究假设。其中，自变量为食品能量信息的表达方式以及相应的调节变量（食品类型或决策情境）。

对于定量研究获取的数据，本书主要使用方差分析、非参数检验、多元线性回归分析以及相关分析对提出的假设进行检验。

1.3.2　研究技术路线图

基于上述研究内容、研究方法与数据分析方法，本书的技术路线图如图 1-1 所示：

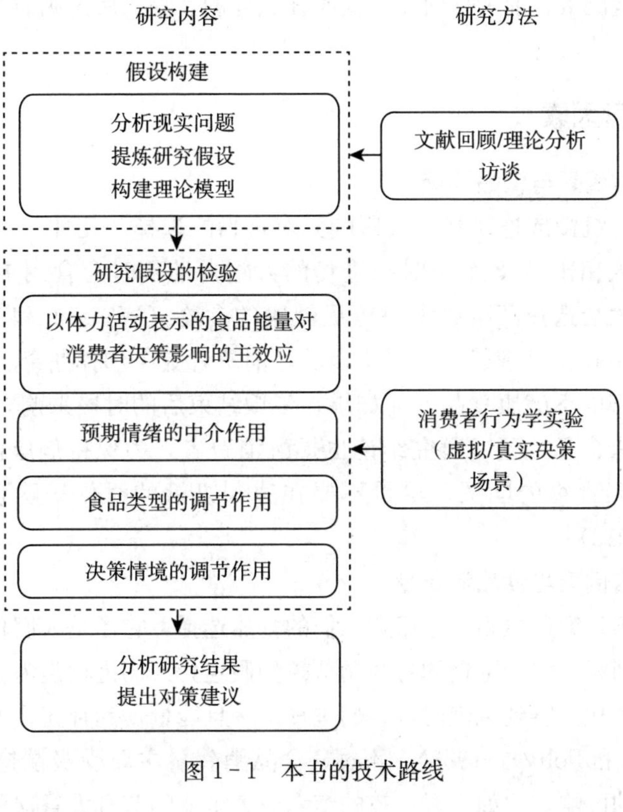

图 1-1　本书的技术路线

第2章 文献回顾

2.1 消费者食品决策的影响因素

关于食品消费决策的研究，学者们主要从感官、情绪、情境、个体差异等方面讨论食品消费决策的影响因素。而食品消费决策又可以分为食品选择决策与食品消费量决策，前者探讨了人们吃什么样的食物，后者则研究了人们吃多少食物。

2.1.1 感官因素

(1) 感官因素与食品选择

消费者的饥饿或饱足状态会影响其对食物的选择。比如，同3小时前刚吃过早餐的人相比，18个小时未进食的人吃自助餐时会食用更多的碳水化合物，而不太会选择蔬菜和水果等更健康的食物（Wansink和Tal，2012）。类似地，在傍晚较饥饿的时段采购食品，消费者更会选择曲奇、薯片等能量密集、即食型的不健康食品，而如果在午饭结束后的时段采购，人们则不太会选择不健康食品。这一研究结论也提醒消费者，为保持健康的生活方式、减少对不健康食物的购买，尽量不要在感到饥饿的时候采购食品（Tal和Wansink，2013）。

(2) 感官因素与食品消费量

①饱足感。饱足感不仅会影响人们的食品选择，它还是人们食品消费量最显著的影响因素。关于进食的自我调节模型假定，人们进食是为了平衡自身能量的摄入与消耗。感到饥饿时，人们进食，一旦能量得到补充，人们就停止进食（Herman和Polivy，1983）。不过，食品消费量主要受极端饱足或极端饥饿两种状态的影响，比如一天一夜的禁食或者丰盛的节日大餐这种比较极端的情况，而一般水平的饥饿或饱足感对人们食品消费量的影响并不大。一方面，饥饿不会增加人们的进食量。十几个小时没有进食的人在吃自助餐时，并不会比几个小时前吃过早餐的人吃更多的东西（Wansink和Tal，2012）。另一方

面，饱足感也不一定会使人们停止进食。大多数人即便不饿，也会吃东西，即便是停止进食会感到更舒服，却仍然继续进食。只有当他们吃到觉得很饱，再吃就觉得不舒服时，才会停止进食（Poothullil，2002）。

②食物可口性。除了饱足感，食物的可口性也会影响消费者的食品消费数量。食品的可口性是指食用或闻到美味可口的食物给人们带来的愉快体验或者对这种愉悦体验的预期。食物给人们带来的这种愉悦体验是气味、口感、温度等多种感官经验相互作用的结果（Elder 和 Mohr，2016；Auvray 和 Spence，2008）。有时，仅仅看到美味的食物就会激起人们的食欲，这也破坏了那些正在控制饮食的消费者的意志力，导致他们食用了更多的东西（Papies 和 Barsalou，2012）。随着经济水平的提高，人们获取品类繁多的美食变得更加容易，食物可口性对人们进食量的影响也越来越大。

2.1.2 情绪因素

(1) 情绪因素与食品选择

积极情绪通常会促使消费者选择更健康的食品。Kahn 和 Wansink（2004）的研究显示，积极情绪更可能促使消费者关注产品的积极属性，比如产品的健康声明，进而选择健康的食品。Garg、Wansink 和 Inman 等（2007）也发现积极情绪会使消费者选择较健康的食品，比如选择水果而不是糖果。

相反，负面情绪往往导致人们选择更不健康的食品。比如，情绪上的悲伤很可能导致人们控制自己冲动能力的瓦解，进而食用高脂肪的不健康食品（Tice、Bratslavsky 和 Baumeister，2001）；死亡凸显、压力等都会导致人们选择更不健康的食品（Ferraro，Shiv 和 Bettman，2005；Hryhorczuk、Sharma 和 Fulton，2013）。处在负面情绪中的消费者之所以常常作出不健康的饮食决策，很大程度上是因为他们认为高糖、高脂肪的食物能改善他们的心情（Andrade，2005）。

(2) 情绪因素与食品消费量

消费者的情绪状态不仅会影响其食物选择，也会影响他们的食品消费量。现有研究表明正面情绪、负面情绪（特别是压力、自我损耗）都会对消费者的进食量产生作用。

①正面情绪和负面情绪。对情绪和进食研究最普遍的结论是，人们情绪越糟糕，吃得越多。沉浸在负面情绪中的人食用不健康食物的可能性是沉浸在正面情绪中的人的 4.2 倍；观看悲伤电影的观众会吃掉更多的爆米花和巧克力。

然而正面情绪也会增加人们的食品摄入量。不过，同负面情绪不同，正面情绪会增加人们对健康食品的消费。研究发现，沉浸在正面情绪中的人食用健康食物的可能性是沉浸在负面情绪中人的2.5倍；观看轻松愉快电影的人们会吃更多的葡萄干（Wansink、Cheney和Chan，2003）。

近年来，研究者还检验了不同类型的正面情绪或负面情绪对食品消费量的影响。比如，同处在开心或者骄傲情绪中的人相比，满怀希望的人们对不健康食物的消费更少（Winterich和Haws，2011）。尽管开心、骄傲、满怀希望三者都是正面情绪，但满怀希望是一种聚焦在未来的正面情绪，而开心、骄傲这两种情绪是聚焦在现在和过去的。当人们的情绪主要聚焦在未来时，他们会减少对不健康食物的消耗。

②压力。在众多负面情绪中，压力与进食之间的关系是学者们关注的焦点。以动物为实验对象的研究显示，食物会刺激类鸦片物质的释放，而类鸦片物质可以缓解压力。因此，在压力增大时，美味可口的食物变得更有吸引力（Adam和Epel，2007）。而对人类的研究发现，校园里不健康食品的销售量，从学期开始呈逐渐上升趋势，第二个学期开学时会有一个明显的下降，而健康食品销量的变化趋势则相反（Wansink和Tal，2012）。这一发现从侧面表明压力会增加人们对不健康食品的消费，降低对健康食品的消费。还有一些研究探讨了抑郁与食品消费量之间的关系。抑郁是压力这种负面情绪的极端形式。尽管长期以来研究者认为没有食欲、体重下降是抑郁的主要症状，但最近越来越多的研究显示抑郁者在抑郁期间体重会增加（van Strien等，2016）。

③损耗。损耗，即对个体身份或自我的威胁，会让人们食用更多不健康的食物。Baumeister等（2006）发现，当得知没有人愿意与他们一起共事后，人们会吃更多的曲奇。在喜欢的球队输球后，人们会吃得更多、更不健康。相反，当喜欢的球队胜利之后，人们会吃得更少、更健康（Cornil和Chandon，2013）。不过，研究者发现，自我肯定能够帮助人们应对损耗带来的负面影响。Logel和Cohen（2012）的研究显示，两个半月之后，那些自我肯定她们核心价值的女性比那些没有自我确认的女性BMI更低。

2.1.3 情境因素

（1）情境因素与食品选择

①自我控制资源。消费者的自我控制资源会影响其自我控制的水平，进而

影响他们的食品消费决策（董春艳和郑毓煌，2010）。个体需要消耗自我控制资源进行自我控制，而一定时期内，个体的自我控制资源是有限的。面对一系列需要进行自我控制的事件，前一事件中的自我控制行为会降低在后一事件中的自我控制水平。而 Baumeister（2002）的研究发现，当人们的自控资源被消耗并处于较低水平时，人们的自控能力下降，更可能选择不健康的零食。

②食品包装。食品包装线索会影响消费者对食品健康与否的判断，进而影响人们的食品选择行为。这些线索包括食品包装上的图片、文字、形象、产品声明等。此外，这些元素在食品包装上的位置也可能影响消费者对食品的感知。比如，食品包装上的“低脂”“全脂”标签会影响消费者对食品口味的感知，消费者会感觉“全脂”食物的口味更好（Quoidbach、Mikolajczak 和 Gross，2015）。Ellen 和 Bone（2008）也发现“低脂”标签可能会激活消费者的健康思维模式，并认为食品的口味会差一些。此外，食品包装上的“高纤维”“低钠”标识也会影响到消费者对产品健康程度的感知，进而提高那些关注健康的消费者的购买意愿。

③社会影响。消费者周围的人也会促进或者阻碍他们对健康食品的选择，因此社会影响也会对人们的食品决策产生作用。对于青少年而言，他们的家庭成员（特别是母亲）很大程度上影响了他们的食品选择行为。那些对自己体重以及饮食行为十分在意的母亲，会严格限制自己的女儿摄入高能量密度的零食，甚至会鼓励女儿减重（Thøgersen - Ntoumani 等，2016）。而青年、中年更多受同辈的影响。比如，那些在社交网络上经常关注和自己关系亲近的朋友的消费者，他们在浏览社交网络后自控力会下降，进而更有可能选择他们认为不健康的食品（Wilcox 和 Stephen，2012）。消费者的食品选择行为甚至还会受到周围人体型的影响（McFerran 等，2009）。

(2) 情境因素与食品消费量

①食物分量。人们通常通过食物分量、食品包装、餐具大小（盘子、碗、杯子等）判断吃多少是合适的。较小的分量、包装以及较小的餐具会让人们吃得更少。例如，Rolls 等（2002）给实验被试分别提供 500 克和 1 000 克的通心粉，结果发现与被实验者提供 500 克通心粉的被试相比，被实验者提供 1 000 克通心粉的被试最终多摄入了 676 千焦能量。Zuraikat 等（2016）的研究显示，同提供小份和中份的实验参与者相比，提供大分量食物的实验参与者最终多摄入了 16%的能量。

②食品包装。Deng 和 Srinivasan（2013）发现，食品包装是否透明也会影响人们的食品摄入量。一方面，透明包装便于让消费者知道已经食用了多少食品，从而使消费者更容易进行进食量的监控，另一方面，透明包装会让食物变得更显眼。不过透明包装最终给人们带来的影响取决于食物视觉上的吸引力。对于看上去更吸引人的食物，透明包装会增加人们最终的摄入量，而对于蔬菜等吸引力较低的食物，透明包装则会减少人们最终的摄入量。

③食物类别。人们喜欢把食物分为健康的或是不健康的，之后他们也会根据自己对食物的分类决定自己一次要吃多少。而人们对食物的分类往往受食品的营养声称、品牌、包装、价格、分销渠道影响。如果这些营养声称等因素暗示或者导致消费者认为食品更加健康，就产生了“健康晕轮”效应，即食物在营养声称、品牌等方面的优点被延伸到了其所有方面（比如食物所含的能量更低），于是人们最终摄入的能量比自己预想的更多。当一个食物具有了“健康晕轮”，消费者还会在同一餐中点更不健康的配餐，或者在下一餐中吃得更不健康（Chandon 和 Wansink，2007）。

④社会助长。当同他人一起就餐时，消费者会比平时多吃 30%～60%（Herman 和 Polivy，2005）。这种社会助长效应并不会影响人们的饥饿感和情绪。与他人一起进餐之所以影响人们的食品消费量，主要是因为同他人一起进食会影响人们进食时间的长短。通常而言，和朋友、家人一起用餐时，人们进食时间更长，且人们更不会注意到自己已经食用了多少食物（Hetherington 等，2006）。

⑤社会匹配。有些情况下，当同伴吃得少时，人们会吃得少，当同伴吃得多时，人们会吃更多（Brunner，2012）。这一现象可以用社会匹配解释。即在食品消费情境下，消费者会试图将自己的进食量与自己同伴的进食量进行匹配。一方面，通过观察周围人的进食量，人们可以知道自己吃多少是合适的。另一方面，心理学研究显示，人们通常会模仿他人，认为这样会被他人接纳、喜欢。具体到饮食层面，研究者发现，年轻女性们一起就餐时，往往会同时将食物送入口中（Hermans 等，2012）。这也解释了为什么在人们希望被他人接受时，社会匹配效应更强。比如，正常体重的人更会去效仿瘦的人，吃更少的食物。节食的人更会被超重的人说服，而不是瘦弱的人（Robinson 等，2011）。

⑥环境中的外部感官线索。除了饥饿、饱足、可口性这些内部生理线索，进食环境的外部感官线索也会对消费者的进食量产生影响。这些因素包括进食

环境中的声音、气味、光线、气温等。譬如，嘈杂的背景音乐不仅会加快人们的进食速度（Stroebele 和 de Castro，2006），还会导致人们在快餐店的食品消费量增加 18%（Wansink 和 Van Ittersum，2012）。而在环境优雅的餐厅，动听的音乐则会延长人们的就餐时间，而且还会使人们摄入更多的能量，因为这个时候人们往往更可能点一份原本没打算食用的甜点，或者决定多喝一杯（Caldwell 和 Hibbert，2002）。令人愉悦的气味会增加进食量，而令人不快的气味会减少食品消费量（Wadhwa 等，2008）。刺眼的灯光会加快人们的进食速度，缩短人们在餐厅逗留的时间，而温暖柔和的灯光，特别是烛光，会使人们不舍得结束进餐，促使人们点更多的食物或酒（Stroebele 和 De Castro，2004）。此外，当环境的温度比较低时，人们吃得更多（Westerterp-Plantenga 等，2002）。

2.1.4 个体差异因素

(1) 个体差异因素与食品选择

①负担能力。人们的经济状况，即负担能力也会影响他们选择何种食品。拥有更高可支配收入的消费者，他们拥有更多选择，既可以购买价格稍昂贵的健康食品，也可能选择廉价的食品。相反，低收入消费者不太容易购买到健康的食物，反倒更容易接触到高能量密度的加工类食品。他们更可能面临不得不购买廉价、不健康食物的境况。所以，消费者的负担能力越强，越可能选择健康的食物（Ma、Ailawadi 和 Grewal，2013）。

②健康素养。为作出更好的食品消费决策，消费者不仅需要食品本身的相关信息，比如哪些食品是健康的，还需要具备使用这些信息的认知能力及兴趣（Bublitz、Peracchio 和 Block，2010）。已有研究发现，同健康素养欠缺的人相比，具有丰富健康知识的人更有能力理解与评估食品标签上的信息，对他们认为不健康的食品的消费数量更少（陈卫平和牛明婵，2009）。

③健康状况。消费者的健康状况是指其身心的健康状态，反映了他们生理方面以及心理方面参与到健康行为中的能力（Moorman 和 Matulich，1993）。健康状态不仅包括人们的实际健康状况，还包括了他们对自己健康状况的感知。健康状况与人们的食品决策之间的关系密切。良好的健康状况会促使消费者选择更加健康的食品（Ma、Ailawadi 和 Grewal，2013）。

④饮食限制状态。处在限制饮食状态的消费者往往会遵循特定的食品选择原则，比如采取低脂肪含量的饮食计划。这类消费者通常更倾向使用食品营养

标签（Cavaliere 等，2015）。不同性别消费者的饮食限制状态有明显差异。现有研究表明，同男性相比，女性更在意自己的体重，她们的节食倾向也要比男性高，她们更会限制能量摄入，选择能量较低的食品（Lowe 和 Timko，2004）。

⑤冲动性消费与自我控制。冲动性消费通常指人们以一种基于冲动、获取快乐的方式行动，不考虑行动后的不良后果，这种行动通常会带来即刻的满足。在食品消费领域，冲动的消费者更倾向购买蛋糕等享乐性的不健康食品，而不去购买沙拉等健康食品。相反，自我控制能力强的人，他们克制短期欲望、追求长期目标的能力更强，他们能够更好地控制冲动。控制饮食行为是自控能力的重要表现，因此自我控制能力强的个体通常会避免选择高糖、高脂肪、高盐分的食物（Sengupta 和 Zhou，2007）。

（2）个体差异与食品消费量

①饮食限制状态。现有研究发现，肥胖者更不容易察觉饥饿、饱足这些内在的生理线索，而且他们更容易受外部环境线索的影响。在 Schachter 和 Gross（1968）的经典研究中，研究者操控时钟上显示的时间，实验参与者中，当肥胖的人发现时间已经过了晚餐时间，他们会吃下更多食物，相反，如果看到时间还不到晚餐时间，他们则会吃更少。而其他实验参与者则没有这种反应。Fishbach、Friedman 和 Kruglanski（2003）的研究进一步显示，饮食限制才是造成上述个体差异的原因。即节食的人不是根据饥饿、饱足感决定何时进食，何时停止进食，而是使用一些规则（比如进餐时间）决定吃多少。因此，饮食限制状态不仅会影响消费者的食品选择行为，还影响了消费者的食品消费量。

②文化差异。不同国家、地区消费者的食品消费量也有差异。比如，美国人更可能根据他们的餐盘是否已经空了，或是正在观看的电视节目是否结束这些外部线索决定是否停止进食，而法国人则更可能使用饱足感这一内在生理线索决定是否停止进食，比如“我不再觉得饿了”“我觉得食物没有那么可口了”（Wansink 等，2007）。此外，美法两国消费者对食物味道的感知也不同，美国人会觉得不健康的食物味道更好，而与此相反，法国人则认为不健康的食物口味也不好，而健康的食物口味更好。这种对食物口味感知的差异进一步影响了人们的食品消费量（Werle 等，2013）。

③性别。如前文所述，不同性别消费者的饮食限制状态、对压力的反应有明显差异，这种差异进而导致不同性别消费者的食品消费量的不同。如前文所

述，现有研究显示，同男性相比，女性更在意自己的体重，她们的节食倾向也要比男性高，因此她们更容易根据外部线索决定自己的进食量（Lowe 和 Timko，2004）。

此外，尽管压力会影响消费者的进食量，但相比于男性，女性的食品消费量更容易受到压力的影响。这很大程度上是因为女性中限制饮食的人要比男性多。通过使用不同的方法操纵人们的压力水平，研究者发现，在面对压力时，节食的女生吃得更多，而压力不会对没有在节食的女生的进食量产生影响（Greeno 和 Wing，1994）。图 2－1 和图 2－2 分别总结了食品选择决策的影响因素与食品消费量决策的影响因素。

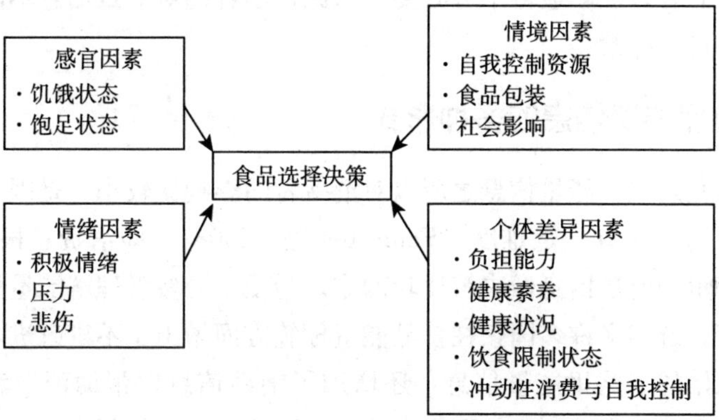

图 2－1　食品选择决策的影响因素

资料来源：根据相关文献整理。

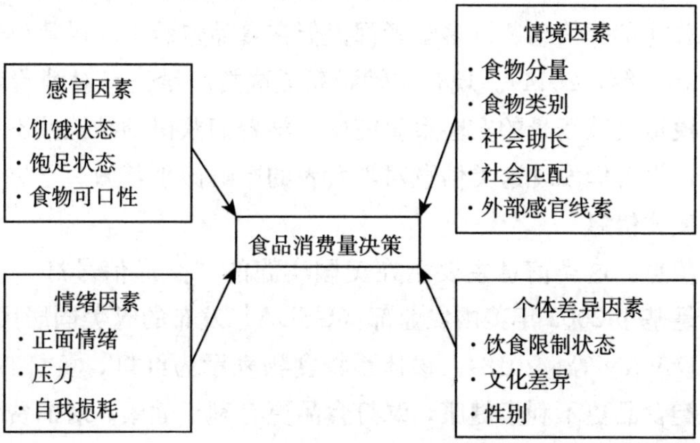

图 2－2　食品消费量决策的影响因素

资料来源：根据相关文献整理。

2.2 能量信息对消费者食品决策影响的研究

食品能量信息是对消费者食品选择、食品消费量产生影响的重要情境因素。在美国以及欧洲等国家和地区，为了应对肥胖率的增长，政府采取了一系列政策措施以试图减少人们对高能量食品的消费。比如要求连锁餐厅披露食物的能量信息等（Dowray 等，2013；Jin 等，2020）。尽管现有研究表明披露食品能量信息对消费者食品选择行为的影响有限，但是从短期来看，能量标签依旧是最有希望改变消费者行为的措施（Kersh，2009），因此探讨如何提高食品能量标签的有效性就显得十分必要。为此，学者们对能量信息不同表达方式的有效性进行了探索。

2.2.1 食品能量信息的多种形式

以往研究发现，能量信息之所以对消费者的影响比较小，是因为人们弄明白能量信息的意义有一定难度（Feunekes 等，2008），即消费者根据原始的、以卡路里表示的能量信息做决策比较困难。为便于消费者理解能量信息，更好地做出决策，近年来许多国家在食品能量标签方面做出了不少改进，不仅向消费者提供原始的卡路里能量信息，还增加了辅助信息以帮助消费者理解。目前，食品能量信息表达方式的研究主要从以下几个方面展开：

（1）数值型能量信息

数值型能量信息包括以卡路里表示的食品所含能量，以及权威机构建议的每日摄入的总能量等信息。许多学者都提倡在食品包装上提供建议每日摄入的总能量（Kiszko 等，2014）。现有文献研究了这类能量信息对消费者选择的影响。在使用模拟决策场景的实验室研究中，学者们获得的结论并不一致，而在现场研究中，学者们发现这类信息对消费者的影响微乎其微。

（2）启发式信息

启发式信息。这类信息主要指在美国实施的“交通信号灯”食品标签体系，该体系是基于 2005 年美国农业部（USDA）发布的《美国居民膳食指南》而产生的（Dowray 等，2013）。该体系将食物表示为红灯、黄灯、绿灯三类。其中，红灯类食品更不利于健康，绿灯食品更有利于健康。对消费者而言，由于处理起这类信息并不需要进行计算，所以对他们而言这类信息更容易理解和使用。

(3) 情景化的数值型信息

情景化的数值型信息包括某个食物提供的能量在每天能量摄取值中所占的比重（Blumenthal 和 Volpp，2010；Fitch 等，2009），以及本书重点讨论的基于等价体力活动的食品能量，即消耗食品提供能量所需的运动量等类型的信息。下面我们将着重讨论这类食品能量信息。

2.2.2 基于等价体力活动的食品能量信息

等价体力活动表示的食品能量是上述情境化的数值型能量信息中的一种。它将一种食物提供的能量转化为将这些能量消耗掉需要做的体力活动量。比如一包薯片提供 230 大卡能量，一个成年男子需要步行 72 分钟才能将这些能量消耗掉。既有的定性研究显示，消费者认为这种能量信息在促进健康饮食方面最有效，很有可能影响他们的食物选择，也有可能促进他们就餐后进行体力活动（Antonelli 和 Viera，2015；Pang 和 Hammond，2013）。英国皇家公共卫生协会也在近年来提倡将这种形式的能量信息置于现有食品正面包装卡路里标签旁边（Masic，Christiansen 和 Boyland，2017）。近年来，一些学者致力于通过较大样本量的定量研究探索这种形式的能量标签如何影响消费者决策。然而，这种能量信息对消费者食品决策究竟产生了怎样的影响，已有研究得到的结论并不一致。

表 2-1 和表 2-2 总结了近年来有关等价体力活动表示的食品能量对消费者决策影响的研究。一些学者发现，这种形式的食品能量比单纯的卡路里信息更能帮助人们选择低卡食物。例如 Bleich 等（2012）采用现场研究的方法探索了不同形式的能量信息对消费者含糖饮料购买行为的影响。他们发现用更容易理解的形式表达能量信息，特别是用等价体力活动（消耗食物提供的能量所需的慢跑时间）表示能量信息，会减少低收入人群对含糖饮料的消费。Masic、Christiansen 和 Boyland（2017）的研究显示，与使用卡路里标签相比，使用等价体力活动标签时，人们会选择能量更低的零食与饮料。

另外一些研究发现尽管在无能量信息、卡路里能量信息、等价体力活动能量信息三者中，用等价体力活动表示能量时，消费者选择食品能量最低，但两两比较显示，卡路里标签和等价体力活动标签两种情形里，人们选择食品的能量差异并不显著。Dowray 等（2013）考察了无能量信息、卡路里信息、等价体力活动的能量信息对人们快餐消费的影响，比较了不同表达方式的体力活动能量信息的作用大小，他们发现当同时提供卡路里信息以及消耗同等能量要走的英里*数时，消费者选择的食物能量总和最低。然而，对各实验组结果的两两比较发现，同时提供卡路里信息以及消耗同等能量要走的英里数与仅提供卡路里信息时，人们选择食品的能量差异不显著。James、Adams - Huet 和 Shah（2015）在大学餐厅对人们点餐行为的研究发现，同无能量信息的情况相比，卡路里能量信息条件下人们点餐的能量并没有显著下降，而使用等价体力活动表示能量时，人们点餐、实际消费的能量显著降低，但卡路里信息、等价体力活动信息两种条件下人们点餐的能量并没有显著差异。

表 2-1　等价体力活动表示的食品能量信息对消费者决策影响的现有研究设计、结论汇总（1）

研究	研究设计	食品标签类型	参与者	样本量
Antonelli 和 Viera（2015）	组间实验设计 在线调研	• 无标签 • 卡路里标签 • 卡路里标签＋等价体力活动（步行分钟数） • 卡路里标签＋等价体力活动（步行英里数）	美国 成年人	823
Bleich 等（2012）	组间实验设计 现场实验	• 卡路里标签 • 能量占每日参考摄入的总能量的百分比 • 等价体力活动（慢跑分钟数）	12～18 岁的非洲裔美国人	1 600 次饮料购买
Downs 等（2015）	组间实验设计 移动实验室实验	• 无标签 • 卡路里标签 • 卡路里标签＋等价体力活动（跑步分钟数）	美国 18～87 岁的人	921
Dowray 等（2013）	组间实验设计 在线调研	• 无标签 • 卡路里标签 • 卡路里标签＋等价体力活动（步行分钟数） • 卡路里标签＋等价体力活动（步行英里数）	美国在医学院、医学中心工作的成年人	802
Hartley、Keast 和 Liem（2019）	组间实验设计 现场研究	• 无标签 • 等价体力活动（步行分钟数）	关注健康以及不太关注健康的人群	97

* 1 英里＝1 609.344 米。

（续）

研究	研究设计	食品标签类型	参与者	样本量
James、Adams-Huet 和 Shah（2015）	组间实验设计 大学餐厅的就餐区以及学生公寓的就餐区	• 无标签 • 卡路里标签 • 等价体力活动（步行分钟数）	美国青年（18至30岁）	300
Lee 和 Thompson（2016）	组间实验设计 在线调研	• 无标签 • 卡路里标签 • 卡路里标签+等价运动量（步行英里数）	美国本科生	643
Masic、Christiansen 和 Boyland（2017）	组间实验设计	• 无标签 • 卡路里标签 • 等价体力活动（步行分钟数） • 卡路里标签+等价体力活动（步行分钟数）	英国成年人（18至64岁，平均年龄30岁）	458

表2-2 等价体力活动表示的食品能量信息对消费者决策影响的现有研究设计、结论汇总（2）

研究	研究情境	研究结论
Antonelli 和 Viera（2015）	快餐菜单 假想决策	• 无标签的情况下，参与者所点食物的能量要比其他三种条件更高 • 卡路里标签、卡路里标签+等价体力活动（步行分钟数）、卡路里标签+等价体力活动（步行英里数）三种情况下人们所点食物能量没有显著差异 • 被试者认为等价体力活动标签更有可能影响他们的食物选择
Bleich 等（2012）	含糖饮料 真实决策	• 同不提供能量信息相比，提供任何形式的能量信息都会减少非洲裔美国青年人购买含糖饮料的可能性 • 同卡路里信息相比，提供每日能量的百分比信息或者等价体力活动信息更能减少含糖饮料的购买 • 与提供每日能量的百分比信息相比，提供等价体力活动表示能量信息更能减少对含糖饮料的购买
Downs 等（2015）	零食 真实决策	• 三种情况下选择的零食的能量没有显著差异

（续）

研究	研究情境	研究结论
Dowray 等（2013）	快餐菜单 假想决策	•同无标签的情形相比，有标签的情况下，人们选择的食物的总能量更低 •两两比较显示，卡路里标签＋等价体力活动（步行英里数）情形下人们选择的食品的总能量最低，和无标签情形下的差异最大 •卡路里标签＋等价体力活动与卡路里标签两种情况下人们选择食品的能量没有显著差异
Hartley、Keast 和 Liem（2019）	零食 真实决策	•对于更关注健康的被试者而言，等价体力活动的标签只会降低其对事物的喜爱程度 •对更不关注健康的被试者而言，等价体力活动的标签对减少能量密集型的零食的喜爱程度或者消费都没有效果
James、Adams-Huet 和 Shah（2015）	快餐菜单 真实决策	•同无标签的情况相比，使用等价体力活动标签时，人们点餐、实际消费的能量显著降低 •同无标签的情况相比，卡路里标签条件下人们点餐的能量并没有显著下降 •同卡路里标签的情况相比，等价体力活动标签条件下人们点餐的能量并没有显著下降
Lee 和 Thompson（2016）	快餐菜单	•各实验组点的食物总能量没有显著差异，汉堡、沙拉或者甜品的能量也没有显著差异
Masic、Christiansen 和 Boyland（2017）	在线调研 零食和饮料 假想决策	•同无标签的情形相比，等价体力活动以及等价体力活动＋卡路里标签两种条件下，人们都更会选择能量更低的食物 •同卡路里标签相比，等价体力活动标签情形下，人们选择食物的能量更低

然而也有一些研究发现，无论是否提供能量信息，无论提供能量信息时使用何种形式的能量标签都不会影响人们的食品决策行为。譬如 Lee 和 Thompson（2016）发现，在分别提供无能量信息、卡路里能量信息、卡路里与消耗同等能量需要步行的距离信息三种情况下，人们选择的食物能量没有显著差异。

2.3 本章小结

消费者的食品决策是国内外学者十分关注的话题。人们的食品决策受到个体差异因素和情境因素的共同作用。食品能量信息是对消费者行为产生影响的重要情境因素，也是目前最有希望改变消费者行为的途径。同卡路里表示的能量信息相比，将食品能量以等价体力活动表示，更容易让消费者理解能量信息，而这类信息往往能够强调食用过高能量食品需要付出的代价（Blumenthal和Volpp，2010），更可能帮助消费者降低高能量食品的摄入。然而从现有文献看，已有研究得出的结论并不一致，这种能量信息有效的边界条件有待进一步检验，特别是从消费者行为学视角进行检视。在某些决策情境下、对某些人群而言，等价体力活动表示的食品能量可能比卡路里表示的食品能量会对消费者产生更大的影响。此外，这种能量信息对消费者决策影响的内在机理还有待进一步探索。这也成为本书研究设计的动因与研究的起点。

第 3 章　食品能量信息对消费者决策的影响

本书第 2 章首先从感官、情绪、情境、个体差异等四个方面探讨了食品选择决策与食品消费量决策的影响因素。而后引出了食品能量信息这个对消费者食品选择、食品消费量产生影响的重要情境因素。在回顾了各种不同类型的食品能量信息之后，第 2 章重点对等价体力活动表示的食品能量信息对消费者食品决策的影响进行了整理，为随后研究假设奠定基础。

在第 3 章将开展两个实证研究，使用不同的决策情境、实验刺激物以及因变量的测量方法来检验探讨当以等价体力活动表示食品能量信息时，人们的食品消费决策会受到怎样的影响。具体而言，本章首先提出研究假设，指出与用卡路里表示食品能量相比，以等价体力活动表示食品能量时，消费者更会选择低能量的食品。随后，我们采用两个单因素两水平的组间实验设计，将参与者随机分配到两种不同的实验情境中，一种情境下参与者看到的食品能量是以卡路里表示的，一种情境下参与者看到的食品能量是以等价体力活动表示的。在研究 1 中，每位参与者在实验中将看到 10 组零食或饮料，每组零食或饮料都由一个高能量的选项和一个低能量的选项构成，参与者要从两个选项中选择一个。我们将考察这两个实验组的参与者选择低能量选项的个数是否有显著差异。在研究 2 中，我们请参与者想象一个情境，在这个情境中他们可以食用一包零食，请他们估计在这一情境中他们愿意食用这包食品的百分之多少。我们将考察这两个实验组的参与者预计自己消费的食品数量是否有显著差异。

3.1　食品能量信息对食品选择的影响

3.1.1　研究假设

食品能量信息会对消费者的选择产生潜在影响，然而能量信息的有效性还取决于信息对消费者而言是否有意义，人们是否能够正确地理解、使用这些信息。现有食品标签上的能量信息之所以对消费者产生的影响很小，很可能是因为人们并没有很好地理解这些能量信息（Feunekes 等，2008）。近年来，越来越多的餐厅、手机应用开始提供以等价体力活动表示的食品能量以帮助消费者更好地进行食品相关的决策，比如“你需要走 90 分钟才能把该食物提供的能量消耗掉”。同传统的以卡路里表示的能量信息相比，以等价体力活动表示的食品能量信息通常更有助于消费者理解能量信息（Downs、Wisdom 和 Loewenstein，2015）。

如果以卡路里表示食品能量信息，当两个食物所提供的能量相差 60 大卡*时，人们可能并不清楚 60 大卡意味着什么。而如果以等价的体力活动来表示食品能量信息，这种信息会告知人们两个食物所提供的能量之差大概需要走 20 分钟才能消耗掉，此时消费者更容易了解 60 大卡代表了什么，多摄入 60 大卡需要付出怎样的代价。尽管人们通过饮食摄取能量满足生存需要，但是，以等价运动量表示食品能量时，消费者更容易联想到摄入过多能量需要付出的代价（Swartz 等，2013），此时人们更有可能选择能量低的食品，或者消费更少的食品。基于此，我们提出假设 H1。

H1：与用卡路里表示的食品能量相比，以等价体力活动表示食品能量时，消费者会选择能量更低的食品。

3.1.2　研究方法

（1）研究设计

本书的第 1 个研究是为了检验 H1，研究 1 比较以卡路里表示的食品能量信息与以等价体力活动表示的食品能量信息这两种情境下，人们选择食物的能量是否有显著差异，因此我们采用的是一个单因素两水平的组间实验设计。我们将参与者随机分配到两组（卡路里表示的能量信息组 vs 等价体力活动表示的能量信息组），让他们在一系列零食以及饮料当中做出选择。具体而言，每位参与者在实验中将看到 10 组零食或饮料，图 3－1 展示了这些零食或饮料中的一部分。每组零食或饮料都由一个高能量的选项和一个低能量的选项构成，参与者每看到一组零食或饮料，都要从两个选项中选择一个。对于每一组食品和饮料，我们给参与者展示了产品的名称、图片以及能量信息，卡路里表示的能量信息组的参与者看到的产品能量是传统的以卡路里表示的能量信息，等价体力活动表示的能量信息组的参与者看到的食品能量信息是以等价体力活动表示

* 1 大卡＝1 千卡＝1 000 卡路里＝4.186 千焦。

的。最终，我们将考察这两个实验情境的参与者所做的决策是否有显著差异。

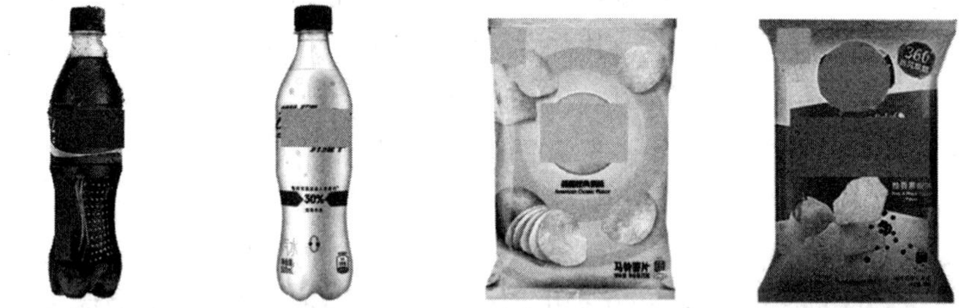

图 3-1 研究 1 使用的刺激物（部分）

(2) 实验参与者

我们利用网上问卷调查的方式采集数据，通过见数平台的样本服务收集样本数据。我们在问卷中设置了注意力检测的问题，未回答对这一问题的问卷被判定为不合格的问卷。而每位按照要求完成问卷填写的参与者得到了 4 元人民币的报酬。根据 Masic、Christiansen 和 Boyland（2017）的研究，研究 1 中的问卷调查一共回收了 200 份有效问卷。样本的平均年龄为 30.31 岁，65.5%的参与者为女性。样本在性别、年龄这两个人口统计学变量上的分布如表 3-1 所示。参与者的平均身高为 166.7 厘米，平均体重为 60 公斤*。根据每位参与者在问卷中提供的身高和体重信息，我们计算出每位参与者的 BMI，200 位参与者 BMI 的平均值为 21.44。根据《中国成人超重和肥胖预防控制指南(2021)》，正常 BMI 在 18.5 到 23.9 之间，参与者中 17.5%的人 BMI 超过了 23.9，处于超重或肥胖状态，14%的人 BMI 不足 18.5，处于体重过轻的状态，这些参与者 BMI 水平的分布见图 3-2。

表 3-1 研究 1 的样本构成

类别		人数（人）	占比
性别	男	69	34.5%
	女	131	65.5%

* 1公斤=1 千克。

（续）

类别		人数（人）	占比
年龄	18～25 岁	38	19%
	26～35 岁	128	64%
	36～45 岁	29	14.5%
	46 岁以上	5	2.5%

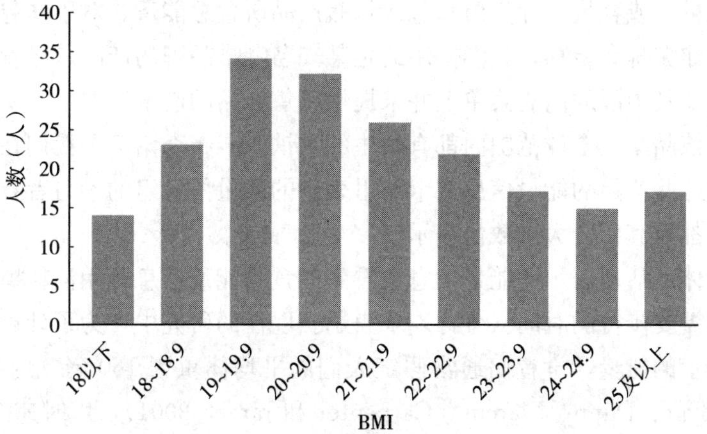

图 3-2　研究 1 参与者 BMI 水平分布

(3) 实验刺激物的选择

实验中使用的刺激物都是带包装的零食、饮料或者咖啡厅售卖的饮料或食物。有研究显示，这些食物非常容易破坏人们在节食过程中付出的努力（Urbszat、Herman 和 Polivy，2002；Vohs 和 Heatherton，2000），而且这些都是我国消费者非常常见的零食。具体而言，实验中使用的刺激物涵盖了范围比较广泛的食品、饮料，其中包含 5 种不同类型的食品以及 5 种不同类型的饮料（两个实验组的参与者使用的问卷见附录一中的问卷 1）。对于每一种食品或饮料，参与者会看到一个能量较高的选项（例如，1 瓶 500 毫升能量为 215 大卡的某品牌的可乐）以及一个能量较低的选项（例如，1 瓶 500 毫升能量为 0 大卡的某品牌可乐纤维＋），参与者需要从两个选项中选择一个。我们尽量控制每一种食品或饮料的品牌、口味、产品类别等与能量无关的因素，使每一对选项在产品类型和品牌上是匹配的，即每对选项在产品类别、品牌等属性上都是相同或相近的，只有所含能量有差异，以确保参与者做出选择不是因为自己的品牌偏好。在问卷中，我们只提供简单的能量信息，尽量减少其他信息带来的混淆，比如人们理解标签的能力、对标签的喜好，等等。标签设计的示例见前述图 3－1。参与者看到的 10 组食品或饮料的选项顺序是随机的。此外，每组参与者看到的一对选项在屏幕上的位置（屏幕左侧是高能量的产品还是低能量的产品）也是完全随机的。

对于包装食品或饮料，其包装上都有提供营养成分表，成分表写明了该产品单位重量包含的能量，比如每 100 克（或 100 毫克）所含能量，我们据此以及产品重量（或容量）计算出每包或每瓶产品所含总能量。对于非包装食品或饮料，比如咖啡和蛋糕，我们使用的是某知名咖啡品牌的产品。尽管该品牌中国官网以及其中国的门店菜单上并未提供所售产品的能量，但由于实验中使用的产品是该品牌在全球范围内都有销售的拿铁、卡布奇诺等，我们在其英国官网查到了这些产品的能量信息。卡路里表示的能量信息组的参与者看到的食品能量信息都以其所含大卡数量表示。

等价体力活动表示的能量信息组看到的食品能量信息是用消耗掉该产品提供的能量需要步行的时间（分钟）来表示。以往的研究中，为了计算以等价体力活动表示的能量，学者们通常假定人们的平均体重为 160 磅（约折合 72.6 公斤）（Blair、Dunn、Marcus、Carpenter 和 Jaret，2001），以时速 3.22 千米步行时，平均每分钟消耗的能量为 3.2 大卡（Dowray、Swartz、Braxton 和 Viera，2013）。为确定每种食品或饮料所含能量需要花费多少时间的步行才能消耗掉，我们用食品所含能量除以上述每分钟步行所消耗的能量。附录二提供了一些计算本实验中使用的刺激物所含能量的例子。需要说明的是，计算以等价体力活动表示的食品能量信息时，我们之所以选择步行这一体力活动，是为确保体力活动与大部分参与者关联性是最大的、最常见的，因为绝大多数人都要走路，但并不是大多数人都会参与跑步等其他活动。

（4）实验流程

在请参与者完成食物的选择之前，我们询问了他们现在有多饿和多渴，每位参与者在两道 7 点量表上打分（1＝“一点也不”，7＝“非常”）。随后，我们请每位参与者进行 10 次食品或饮料的选择，其中 5 次选择是从 2 个食品中选择 1 个，5 次选择是从 2 种饮料中选择一个。不同实验组的参与者看到的产品能量信息不同，卡路里表示的能量信息组的参与者看到的能量信息是以大卡表示的，而等价体力活动表示的能量信息组的参与者看到的能量信息是消耗此产品所含能量需要步行的时间（详见附录一中问卷1）。在选择完食物和饮料之后，我们请参与者提供了性别、年龄等基本的人口统计学信息。此外，和以往的类似研究一样，我们在问卷中还收集了一些其他变量的信息，这些信息可能可以解释不同条件下参与者选择的差异。这些变量包括限制饮食的情况、掌握的食品能量信息知识、基本数学素养、平时的运动习惯等。

具体而言，我们使用荷兰饮食行为问卷（DEBQ）（van Strien、Frijters、Bergers和Defares，1986）来测量参与者限制饮食的情况。荷兰饮食行为问卷包括情绪性进食、外部性进食以及限制性进食3个子量表。我们使用其中的限制性进食子量表测量参与者限制饮食的情况。DEBQ的限制性进食子量表共包含了10道测量问项，其中包括“如果你长胖了，你会比平时少吃点吗?”“吃饭的时候，你会吃得比你想吃的少些吗?”“你有多频繁地因为担心长胖，而拒绝别人提供的食物或饮料?”“你会仔细留意你吃的东西吗?”“你会刻意吃有利于减肥的食物吗?”等。该量表采用在5点量表上作答的形式，其中1代表“从不”，2代表“偶尔”，3代表“有时”，4代表“经常”，5代表“非常频繁”。以往研究都是用上述10个问项的平均值代表每位参与者在该量表上的得分，参与者得分越高，其限制性进食的倾向就越高。

我们使用卡路里知识量表（Bleich和Pollack，2010）测量参与者掌握的食品能量信息的知识，该量表包含了3个测量问项，询问参与者从事中等体力活动的成年男性、从事中等体力活动的成年女性以及从事轻体力活动的成年人每日膳食能量推荐摄入量为多少。例如“请问，从事中等体力活动的成年男性，每日膳食能量推荐摄入量为多少?（其中，中等体力活动包括每天快走、骑自行车或者进行园艺劳动等活动30分钟）”，参与者需要从4个备选答案中选择一个答案，这4个备选答案分别为小于1 500大卡、1 500至3 000大卡、3 000至4 500大卡以及大于4 500大卡。3个测量问项的正确答案均为第2个选项，即1 500至3 000大卡。参与者回答正确的数目越多，其掌握能量知识越丰富。

我们使用基本数学素养量表（Schwartz、Woloshin、Black和Welch，1997）测量参与者的数学素养。量表共包括3个测量问题，如“设想掷一枚均匀的硬币1 000次。你认为有多少次会出现正面朝上的结果?”“在一个彩票抽奖活动中，赢得10美元的概率为1%。如果1 000个人每人买一张这种彩票，那么大概有多少人能赢得10美元?”等，参与者需要计算出每道题的正确答案并将其填进问卷空白处。参与者回答正确的题目个数越多，其数学素养越高。

最后，我们还询问了参与者平时锻炼身体的情况、是否在控制每日的饮食以及现在是否在努力通过节食来减少体重（Masic、Christiansen 和 Boyland，2017）。最后我们还询问了参与者的身高和体重，以计算他们的 BMI。完整的问卷见附录一中的问卷 1。

3.1.3 结果与讨论

（1）数据的预处理

首先，我们计算了荷兰饮食行为问卷限制性进食子量表的信度指标 *Cronbach's alpha* 系数，可靠性分析的结果显示该量表的 *Cronbach's alpha* 系数为 0.92，这表明该量表具有较高的信度。所以我们将该量表的 10 个测量问项求平均值，得到了每位参与者在限制性进食这一变量上的得分。

对于卡路里知识，我们首先判断参与者在每一道测量题目上的答案是否正确，如果其回答正确，那么该参与者在该题目上的得分记为 1 分，如果回答错误，则其在该题目上的得分记为 0 分。然后我们把每位参与者在每一道测量题目上的得分相加，得到他们在卡路里知识这一变量上的得分，这一得分也是他们在卡路里知识的 3 个问项中，回答正确的个数。

与卡路里知识的计算类似，对于基本数学素养，我们也是首先对参与者每一道测量题目的正确性进行判断，如果该参与者回答正确，那么其在该题目上的得分记为 1 分，如果回答错误，则其在该题目上的得分记为 0 分。这样我们得到每位参与者在每一道题目上的得分。最后，我们将每位参与者在每一道测量题目上的得分相加，得到他们在基本数学素养这一变量上的得分。

最后，也是最关键的，我们计算出了在 10 组食品或饮料的选项中，每位参与者在几组选项中选择了能量较低的那个选项，即选择低能量食物的个数，并将此变量作为本研究的因变量。根据研究假设 H1，我们推断同卡路里表示的能量信息组的参与者相比，等价体力活动表示的能量信息组的参与者选择低能量食物的数量更多。

表 3-2 和表 3-3 展示了不同实验组的参与者在人口统计学变量以及控制变量上的均值（数值型变量）或分布（类别型变量）。对于数值型变量，独立样本 t 检验的结果显示，两个实验组的参与者在饥饿程度、口渴程度、限制性进食倾向、卡路里知识、基本数学素养、身高、体重以及 BMI 上的差异都是不显著的，只有在年龄上的差异是显著的，以卡路里表示的食品能量信息组的

参与者年龄的均值（M=29.33）比以等价体力活动表示的食品能量信息组的参与者年龄的均值（M=31.29）略小［$t(198)=-2.33$，$P=0.02$］。对于类别型变量，交叉列联表分析的卡方检验显示，两个实验组的参与者在性别、平日里锻炼的频率上的分布没有显著差异，每个实验组的参与者控制每天摄入的食品能量、控制体重的参与者的比例也没有显著差异。

表3-2　研究1各实验条件的参与者在各变量上的均值

变量	以卡路里表示的食品能量信息	以等价体力活动表示的食品能量信息	P值
饥饿程度	4.22	4.09	>0.05
口渴程度	4.49	4.41	>0.05
限制性进食倾向	3.38	3.46	>0.05
卡路里知识	1.57	1.61	>0.05
基本数学素养	2.37	2.57	>0.05
年龄（岁）	29.33	31.29	0.02
身高（厘米）	166.17	167.27	>0.05
体重（千克）	58.99	60.89	>0.05
BMI（千克/平方米）	21.24	21.64	>0.05

表3-3　研究1各实验条件的参与者在各变量上的分布

变量	变量值	以卡路里表示的食品能量	以等价体力活动表示的食品能量	P值
是否经常锻炼	偶尔	16%	13%	>0.05
	有时	36%	34%	
	经常	48%	53%	
是否在控制每天摄入的食品能量	没有	29%	22%	>0.05
	有	71%	78%	
是否在控制体重	没有	21%	18%	>0.05
	有	79%	82%	
性别	男	67%	64%	>0.05
	女	33%	36%	

（2）研究假设的检验

由于 Masic、Christiansen 和 Boyland（2017）的研究中，研究者在分析数据时将因变量视为计数数据，进而使用广义线性模型中的泊松对数线性回归对数据进行分析。而本研究中使用的是类似的设计，所以我们首先对因变量的分布进行检验，判断其是否符合泊松分布，如果符合的话，我们也采用相同的回归分析方法来分析本研究数据。

我们使用非参数检验中的单样本 K－S 检验来确认本研究的因变量是否服从泊松分布。单样本 K－S 检验是一种探索样本数据拟合优度的非参数检验方法，用以检验样本数据是否服从某一理论分布（吴喜之和赵博娟，2009）。其原假设是样本来自的总体与检验之前指定的理论分布没有显著差异。我们使用 SPSS 对本研究中的因变量进行单样本 K－S 检验，此处我们指定的理论分布是泊松分布，检验结果显示（表 3－4），因变量的均值为 6.90。由于概率 *P* 值小于 0.05，因此可以拒绝样本来自的总体与检验指定的理论分布（此处为泊松分布）没有显著差异的原假设，也就是说因变量的分布与泊松分布存在显著差异，所以使用泊松对数线性回归对数据进行分析是不合适的。我们还使用 K－S 检验探索了因变量是否服从正态分布，检验结果显示（表 3－5），概率 *P* 值小于 0.05，因此可以拒绝样本来自的总体与检验指定的理论分布（此处为正态分布）没有显著差异的原假设，也就是说因变量的分布与正态分布有显著差异。由于不满足方差分析或线性回归分析的前提假定，因此用方差分析或者线性回归分析来分析数据也不是很合适。

表 3－4　选择低能量食物个数分布的 K－S 检验结果（是否服从泊松分布）

		选择低卡食物的个数
N		200
Poisson Parameter[a,b]	Mean	6.895 0
Most Extreme Differences	Absolute	0.184
	Positive	0.129
	Negative	0.184
Kolmogorov－Smirnov Z		2.607
Asymp. Sig.（2－tailed）		0.000

a. Test distribution is Poisson.

b. Calculated from data.

表 3-5　选择低能量食物个数分布的 K-S 检验结果（是否服从正态分布）

		选择低卡食物的个数
N		200
Normal Parameters[a,b]	Mean	6.895 0
	Std. Deviation	2.396 39
Most Extreme Differences	Absolute	0.248
	Positive	0.160
	Negative	0.248
Test Statistic		0.248
Asymp. Sig.（2-tailed）		0.000[c]

a. Test distribution is Normal.
b. Calculated from data.
c. Lilliefors Significance Correction.

由于因变量不服从正态分布，也不服从泊松分布，我们使用非参数检验方法（两独立样本的 K-S 检验）对研究假设进行检验。K-S 检验不仅能够用以检验单个样本来自的总体是否服从某一理论分布，还能检验两个样本所来自的总体的分布是否存在显著差异。这一检验的原假设为两个独立样本各自所来自的总体的分布没有显著差异。既然两个总体的分布没有显著差异，那么代表它们集中趋势的位置参数（如中位数）也应该没有显著差异了。

我们将研究 1 的两个实验条件中的每一个条件视为一个样本，使用两独立样本的 K-S 检验考察它们的因变量的中位数是否有显著差异。分析结果显示，检验的概率 P 值小于 0.05，这说明卡路里表示的能量信息组的参与者选择低能量食品的个数与等价体力活动表示的能量信息组的参与者选择低能量食品的个数之间的差异是显著的（Kolmogorov-Smirnov Z=3.47，$P<0.01$）。卡路里表示的能量信息组的参与者选择低能量食品个数的中位数为 $M_{卡路里表示的能量信息}=7$，而等价体力活动表示的能量信息组的参与者选择低能量食品个数的中位数为 $M_{等价体力活动表示的能量信息}=9$（图 3-3）。这一结果说明 H1 得到了支持。

接着，我们考查了因变量与控制变量之间的关系。对于当时的饥饿程度、口渴程度、限制性进食倾向等数值型变量，我们分别计算了因变量与所考察的每一个控制变量之间的 Pearson 相关系数。Pearson 相关系数的取值在

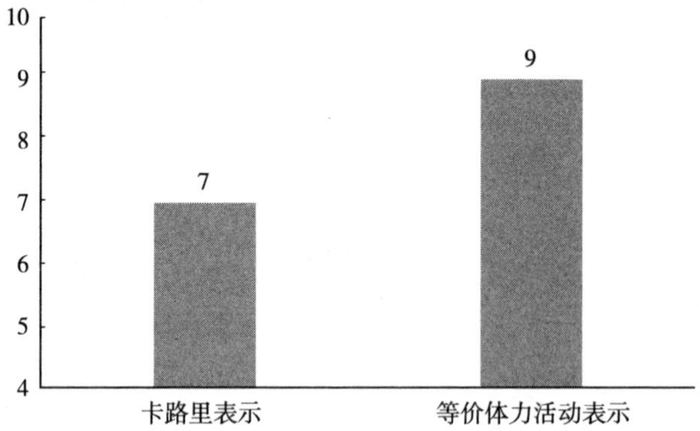

图 3-3　不同食品能量信息条件下参与者选择低能量食品个数的中位数

－1.0 到＋1.0 之间，其取值越靠近－1.0，两个数值型变量之间的负相关性越强，其取值越靠近＋1.0，两个数值型变量之间的正相关性越强。表 3-6 展示了相关分析的结果。分析结果显示，因变量仅仅与限制性进食倾向、卡路里知识和基本数学素养相关关系显著，与饥饿程度、口渴程度等其他控制变量的相关关系不显著。具体而言，因变量与限制性进食倾向的相关系数为 0.44，$P<0.01$，即人们的限制性进食倾向越高，选择低能量食品的个数越多。因变量与卡路里知识的相关系数为 0.15，$P=0.03$，即人们关于食品能量的知识越准确，选择低能量食品的个数越多。最后，因变量与基本数学素养的相关系数为 0.20，$P<0.01$，即人们的基本数学素养越高，选择低能量食品的个数越多。虽然这些变量之间的关系与本书的研究假设并没有直接关系，但在本书中发现的这些显著的关系也是在意料之中，符合变量的概念与人们的常识。

表 3-6　选择低能量食品的个数与控制变量之间的关系

变量	相关系数	*P* 值
饥饿程度	－0.08	0.25
口渴程度	－0.12	0.08
限制性进食倾向	0.44	<0.01
卡路里知识	0.15	0.03
基本数学素养	0.20	<0.01
年龄（岁）	0.08	0.24
身高（厘米）	－0.04	0.57
体重（千克）	－0.09	0.19
BMI（千克/平方米）	－0.10	0.18

最后，我们考查性别、平时锻炼身体的情况、控制饮食的情况以及控制体重的情况这些分类变量是否对主效应产生调节作用。我们对这些变量上取不同值的参与者分别使用两独立样本的K-S检验，来看两个实验条件的参与者因变量的中位数是否有显著差异。

检验的结果显示，对于性别而言，不论是男性还是女性，两个实验组参与者因变量中位数的差异都是显著的。对于男性参与者，卡路里表示的能量信息组的参与者选择低能量食品个数的中位数为$M_{卡路里表示的能量信息}=7$，而等价体力活动表示的能量信息组的参与者选择低能量食品个数的中位数为$M_{等价体力活动表示的能量信息}=8$，Kolmogorov-Smirnov $Z=1.48$，$P=0.03$。对于女性参与者，卡路里表示的能量信息组的参与者选择低能量食品个数的中位数为$M_{卡路里表示的能量信息}=7$，而等价体力活动表示的能量信息组的参与者选择低能量食品的个数的中位数为$M_{等价体力活动表示的能量信息}=9$，Kolmogorov-Smirnov $Z=3.23$，$P<0.01$。因此，性别与主效应之间的交互效应不显著。

而对于锻炼身体频率不同的参与者，主效应的显著情况不同。对于偶尔锻炼身体的参与者，两个实验组的参与者在因变量上的差异并不显著。具体而言，卡路里表示的能量信息组的参与者选择低能量食品个数的中位数为$M_{卡路里表示的能量信息}=4$，而等价体力活动表示的能量信息组的参与者选择低能量食品个数的中位数为$M_{等价体力活动表示的能量信息}=4$，Kolmogorov-Smirnov $Z=0.67$，$P=0.76$。而对于有时锻炼的参与者，两个实验组在因变量上的差异是显著的。卡路里表示的能量信息组的参与者选择低能量食品个数的中位数为$M_{卡路里表示的能量信息}=7$，而等价体力活动表示的能量信息组的参与者选择低能量食品个数的中位数为$M_{等价体力活动表示的能量信息}=9$，Kolmogorov-Smirnov $Z=1.98$，$P<0.01$。对于经常锻炼的参与者，两个实验组在因变量上的差异也是显著的。卡路里表示的能量信息组的参与者选择低能量食品个数的中位数为$M_{卡路里表示的能量信息}=8$，而等价体力活动表示的能量信息组的参与者选择低能量食品的个数的中位数为$M_{等价体力活动表示的能量信息}=9$，Kolmogorov-Smirnov $Z=3.10$，$P<0.01$。因此，可以认为平时锻炼身体的情况与主效应之间交互效应显著。图3-4展示了锻炼身体频率不同的参与者，当食品能量信息的表达方式不同时，因变量中位数的差异。

目前，控制每天摄入的食品能量的参与者与那些没有控制的参与者相比，主效应的显著情况也不同。对于没有控制每天摄入的食品能量的参与者，两个实验组的参与者在因变量上的差异并不显著。具体而言，卡路里表示的能量信

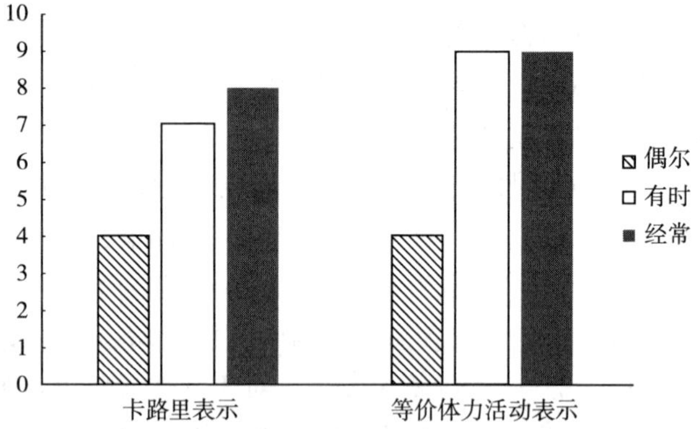

图 3-4　锻炼身体的情况与主效应之间的交互作用

息组的参与者选择低能量食品个数的中位数为 $M_{卡路里表示的能量信息}=5$，而等价体力活动表示的能量信息组的参与者选择低能量食品的个数的中位数为 $M_{等价体力活动表示的能量信息}=4.5$，Kolmogorov－Smirnov $Z=0.59$，$P=0.87$。对于在控制每天摄入的食品能量的参与者，两个实验组在因变量上的差异是显著的。具体而言，卡路里表示的能量信息组的参与者选择低能量食品个数的中位数为 $M_{卡路里表示的能量信息}=8$，而等价体力活动表示的能量信息组的参与者选择低能量食品的个数的中位数为 $M_{等价体力活动表示的能量信息}=9$，Kolmogorov－Smirnov $Z=3.91$，$P<0.01$。因此，可以认为是否在控制每天摄入的能量与主效应之间交互效应显著。图 3-5 展示了控制每天摄入的食品能量不同的参与者，当食品能量信息的表达方式不同时，因变量中位数的差异。

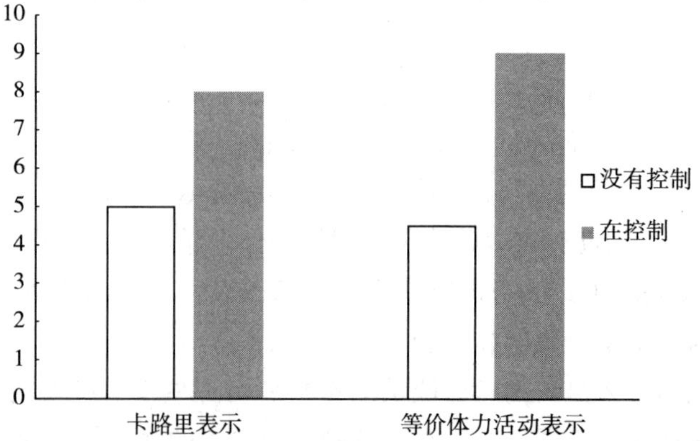

图 3-5　控制每日摄入能量的情况与主效应之间的交互作用

目前，控制体重的参与者与那些没有控制体重的参与者相比，主效应的显著情况也不同。对于目前没有控制体重的参与者，两个实验组在因变量上的差异并不显著。具体而言，卡路里表示的能量信息组的参与者选择低能量食品个数的中位数为 $M_{卡路里表示的能量信息}=5$，而等价体力活动表示的能量信息组的参与者选择低能量食品个数的中位数为 $M_{等价体力活动表示的能量信息}=4.5$，Kolmogorov - Smirnov Z=0.42，$P=0.99$。而对于目前在控制体重的参与者，两个实验组在因变量上的差异是显著的。具体而言，卡路里表示的能量信息组的参与者选择低能量食品个数的中位数为 $M_{卡路里表示的能量信息}=8$，而等价体力活动表示的能量信息组的参与者选择低能量食品个数的中位数为 $M_{等价体力活动表示的能量信息}=9$，Kolmogorov - Smirnov Z=3.71，$P<0.01$。因此，可以认为是否在控制体重与主效应之间交互效应显著。图 3 - 6 展示了控制体重情况不同的参与者，当食品能量信息的表达方式不同时，因变量中位数的差异。

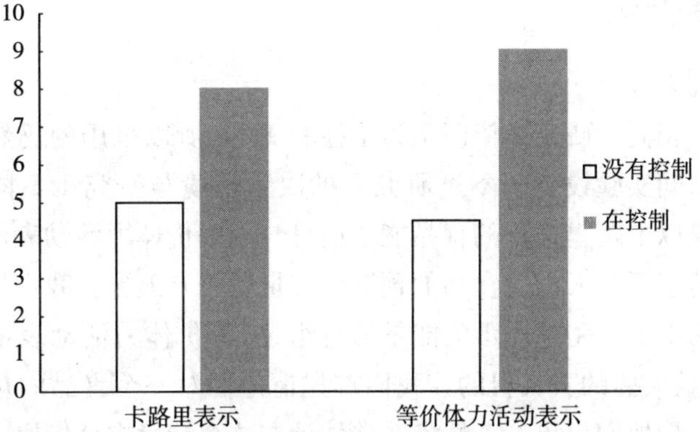

图 3 - 6　控制体重的情况与主效应之间的交互作用

研究 1 初步验证了 H1。研究 1 的结果显示，与卡路里表示的能量信息相比，当用等价体力活动表示能量信息时，参与者选择低能量食品的个数更多，即等价体力活动表示的食品能量信息更有助于消费者选择低能量的食品。此外，我们还发现限制性进食倾向、卡路里知识和基本数学素养与人们选择低能量食品的个数存在正相关的关系，即人们限制性进食的倾向越强、掌握食品能量信息的知识越丰富、基本数学素养越高，选择低能量食品的个数越多。最后，我们还发现消费者平时锻炼身体的情况、控制每天摄入能量的情况以及控制体重的情况都对 H1 这一主效应产生调节作用。具体而言，食品能量信息的表达方式对那些有时或经常锻炼身体的人、控制每日摄入能量的人以及正在控制体重的人的作用更加显著。而对于偶尔才锻炼身体的、没有控制每日摄入能量以及没有控制体重的人，食品能量信息对他们没有产生显著影响。

3.2 食品能量信息对食品选择的影响的稳健性检验

研究 2 使用了与研究 1 不同的决策情境、不同的实验刺激物，并选择不同的样本参与研究，以尝试在新的决策情境中检验假设 1 来重复研究 1 的发现，检验研究 1 发现的稳健性。此外，研究 1 中的因变量为计数数据，且由于因变量既不符合泊松分布，也不符合正态分布，我们无法用回归分析或者方差分析来分析数据，只能使用非参数检验，研究 2 中我们更换了因变量的测量方法。最后，和研究 1 相比，我们在测量因变量之前，还让参与者评价了食品的包装等维度，更好地掩盖了实验的真实目的，提高参与者回答问题的真实性。

3.2.1 研究方法

(1) 研究设计

与研究 1 相同，研究 2 依旧是为了检验 H1，所以采用的仍然是一个单因素两水平的组间实验设计。不过研究 2 的决策情境与研究 1 不同，在本研究中，我们比较以卡路里表示的食品能量信息与以等价体力活动表示的食品能量信息这两种情境下，人们对食品的预期消费量是否有差异。我们仍然是将参与者随机分为两组（卡路里表示的能量信息组 vs 等价体力活动表示的能量信息组），为了掩盖实验的真实目的，我们首先请他们对一个食品的包装等进行评价，然后我们请他们想象一个情境，并估计在这个情境中他们愿意食用一袋食品的百分之多少。同研究 1 相同，卡路里表示的能量信息组的参与者看到的能量信息是传统的以卡路里表示的能量信息，等价体力活动表示的能量信息组的参与者看到的食品能量信息是以等价体力活动表示的。最终，我们将考察这两个实验组的参与者预计自己消费的食品数量是否有显著差异。

(2) 实验参与者

我们利用网上问卷调查的方式采集数据，为了检验研究 1 结果的外部稳健性，我们更换了一个数据采集平台，通过问卷星的样本服务收集样本数据。我们在问卷中设置了注意力检测的问题，未回答对这一问题的问卷被判定为不合格的问卷。而每位按照要求完成问卷填写的参与者得到了 2 元人民币的报酬。研究 2 的问卷调查一共回收了 160 份有效问卷。样本的平均年龄为 29.89 岁

(*SD*=6.12)，70%的参与者为女性。样本在性别、年龄这两个人口统计学变量上的分布如表3-7所示。参与者的平均身高为166.4厘米，平均体重为58公斤。根据每位参与者在问卷中提供的身高和体重信息，我们计算出其BMI，160位参与者BMI的平均值为20.84。由于正常BMI在18.5到23.9之间，参与者中13.8%的人BMI超过了23.9，处于超重或肥胖状态，19.4%的人BMI不足18.5，处于体重过轻的状态，这些参与者BMI水平的分布见图3-7。

表3-7　研究2的样本构成

	类别	人数（人）	占比
性别	男	48	30%
	女	112	70%
年龄	18～25岁	37	23.1%
	26～35岁	103	64.4%
	36～45岁	15	9.4%
	46岁以上	5	3.1%

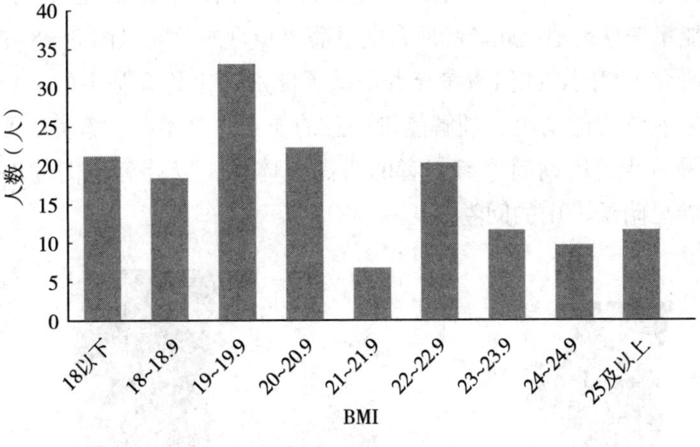

图3-7　研究2样本在BMI上的分布

(3) 实验刺激物的选择

实验中使用的刺激物都是某品牌的薯片，和研究1中使用的带包装的零食一样，这种食物非常容易破坏人们在节食过程中付出的努力。为了隐藏本研究的目的，和研究1不同，研究2使用了某品牌新上市的新口味的薯片，我们告诉参与者本研究是为了对产品的包装等进行评价。另外，和研究1不同，每位参与者只看到这一种产品，以及产品的能量信息。产品包装上有提供营养成分表，成分表提供了该产品单位重量包含的能量，即每100克所含能量，我们据此以及产品重量计算出每包产品所含总能量。卡路里表示的能量信息组的参与者看到的食品能量信息都以其所含大卡数量表示。等价体力活动表示的能量信息组看到的食品能量信息是用消耗掉该产品提供的能量需要步行的时间（分钟）来表示。我们使用和研究1相同的方法确定该食品所含能量需要花费多长时间的步行才能消耗掉。

（4）实验流程

在研究开始，我们询问了参与者他们现在有多饿和多渴，每位参与者在两道7点量表上打分（1＝“一点也不”，7＝“非常”）。随后，我们告诉参与者他们将看到一包薯片，我们会针对这个产品询问一些问题。这些问题包括产品包装设计如何、这包薯片看上去味道如何、吃了这包薯片他们会感到多快乐、他们有多大可能性购买这件产品等，这些问题都是为了隐藏本研究的目的设置的。接着，我们请参与者想象，如果在一个下午他们打算看电影消磨时光，旁边有一袋刚才看到的薯片，请他们估计自己会吃掉这包薯片的百分之多少。不同实验组的参与者看到的产品能量信息不同，卡路里表示的能量信息组的参与者看到的能量信息是以大卡表示的，而等价体力活动表示的能量信息组的参与者看到的能量信息是消耗此产品所含能量需要步行的时间（图3－8和图3－9）。之后，和研究1相同，我们请参与者提供了性别、年龄等基本的人口统计学信息，以及限制饮食的情况、理解能量信息的能力、基本数学素养、平时的运动习惯等。最后我们还询问了参与者的身高和体重，以计算他们的BMI。完整的调查问卷见附录一中的问卷2。

某品牌黑松露口味薯片
1包
能量：552大卡

图3－8　研究2中使用的刺激物
（卡路里表示的能量信息组）

某品牌黑松露口味薯片
1包
相当于步行172分钟
消耗的能量

图3－9　研究2中使用的刺激物
（等价体力活动表示的能量信息组）

3.2.2　结果与讨论

（1）数据的预处理

同研究 1 一样，我们首先计算了荷兰饮食行为问卷限制性进食子量表的信度指标 *Cronbach's alpha* 系数，可靠性分析的结果显示该量表的 *Cronbach's alpha* 系数为 0.85，这表明该量表具有较高的信度。所以我们将该量表的 10 个测量问项求平均值，得到了每位参与者在限制性进食这一变量上的得分。

对于卡路里知识和基本数学素养，我们采用了和研究 1 相同的方法。首先判断参与者在每一道测量题目上的答案是否正确，如果其回答正确，那么该参与者在该题目上的得分记为 1 分，如果回答错误，则其在该题目上的得分记为 0 分。然后我们计算每位参与者在卡路里知识的 3 个测量题目中答对的个数以及在基本数学素养的 3 个测量题目中答对的个数，作为他们在这两个变量上的得分，即参与者在卡路里知识和基本数学素养这两个变量上的得分分别是他们在这两个变量的测量问项中，回答正确的个数。

表 3-8 和表 3-9 展示了不同实验组的参与者在人口统计学变量以及控制变量上的均值（数值型变量）或分布（类别型变量）。对于数值型变量，独立样本 t 检验的结果显示，两个实验组的参与者在饥饿程度、口渴程度、限制性进食倾向、卡路里知识、基本数学素养、年龄、身高、体重以及 BMI 上的差异都是不显著的。对于类别型变量，交叉列联表的卡方检验显示，两个实验组的参与者在性别、平日里锻炼的频率上的分布没有显著差异，每个实验组的参与者控制每天摄入的食品能量、控制体重的参与者的比例也没有显著差异。

表 3-8　研究 2 各实验组的参与者在各变量上的均值

变量	以卡路里表示的食品能量信息	以等价体力活动表示的食品能量信息	P 值
饥饿程度	4.64	4.78	>0.05
口渴程度	4.48	4.48	>0.05
限制性进食倾向	3.11	2.98	>0.05
卡路里知识	1.36	1.35	>0.05
基本数学素养	2.46	2.44	>0.05
年龄（岁）	30.20	29.59	>0.05
身高（厘米）	165.94	166.85	>0.05
体重（千克）	57.53	58.60	>0.05
BMI（千克/平方米）	20.75	20.93	>0.05

表 3-9 研究 2 各实验组的参与者在各变量上的分布

变量	变量值	以卡路里表示的食品能量	以等价体力活动表示的食品能量	P 值
是否经常锻炼	偶尔	16.3%	13.8%	>0.05
	有时	35.0%	38.8%	
	经常	48.8%	47.5%	
是否在控制每天摄入的食品能量	没有	40%	42.5%	>0.05
	有	60%	57.5%	
是否在控制体重	没有	33.8%	36.3%	>0.05
	有	66.3%	63.7%	
性别	男	26.3%	33.8%	>0.05
	女	73.8%	66.3%	

(2) 研究假设的检验

根据研究假设 H1，我们推断同卡路里表示的能量信息组的参与者相比，等价体力活动表示的能量信息组的参与者预计自己将吃掉这包薯片的百分比会更低。两独立样本 t 检验的结果显示，卡路里表示的能量信息组的参与者平均估计自己会吃掉一包薯片的 68.6%（$M_{卡路里表示的能量信息}=68.6\%$），而等价体力活动表示的能量信息组的参与者平均估计自己会吃掉一包薯片的 59.4%（$M_{等价体力活动表示的能量信息}=59.4\%$），两个实验组参与者估计自己消费薯片的百分比差异是显著的［$t(158)=2.09$，$P<0.05$］（图 3-10）。这一结果初步表明 H1 再次得到了支持。

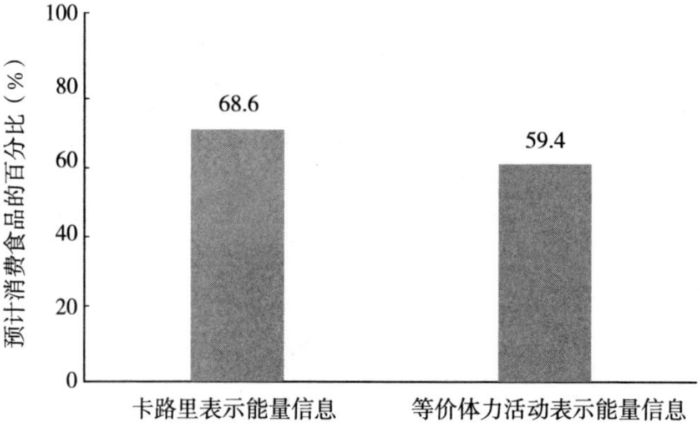

图 3-10 不同食品能量信息组参与者估计自己吃掉薯片百分比的均值

接着，我们考查了因变量与控制变量之间的关系。对于当时的饥饿程度、口渴程度、限制性进食倾向等数值型变量，我们分别计算了因变量与所考察的每一个控制变量之间的 Pearson 相关系数。表 3-10 展示了相关分析的结果。分析结果显示，在研究 2 中，因变量与参与者当时的饥饿程度、口渴程度、限制性进食倾向、体重和 BMI 的相关关系显著，与卡路里知识、基本数学素养等其他控制变量的相关关系不显著。具体而言，因变量与当时的饥饿程度的相关系数为 0.26，$P<0.01$，即人们参与研究时感到越饥饿，他们预计自己消耗薯片的量越大。因变量与当时的口渴程度的相关系数为 0.18，$P=0.02$，即人们参与研究时感到越渴，他们预计自己消耗薯片的量越大。因变量与限制性进食倾向的相关系数为−0.16，$P=0.04$，即人们的限制性进食倾向越高，他们预计自己消耗薯片的量越小。因变量与体重的相关系数为 0.02，$P=0.01$，即人们的体重越大，他们预计自己消耗薯片的量越大。因变量与 BMI 的相关系数为 0.23，$P<0.01$，即人们的 BMI 越大，他们预计自己消耗薯片的量越大。

表 3-10　预估食品消耗百分比与控制变量之间的关系

变量	相关系数	P 值
饥饿程度	0.26	<0.01
口渴程度	0.18	0.02
限制性进食倾向	−0.16	0.04
卡路里知识	0.07	0.40
基本数学素养	−0.01	0.87
年龄（岁）	0.13	0.11
身高（厘米）	0.09	0.27
体重（千克）	0.02	0.01
BMI（千克/平方米）	0.23	<0.01

对于是否在控制每天摄入的食品能量、是否在控制体重、平时锻炼的频率这几个分类变量，我们用单因素方差分析考查他们是否与因变量有关系。以吃掉这包薯条的百分比为因变量，以是否在控制每天摄入的食品能量为自变量的单因素方差分析的结果显示，没有控制每天摄入的食品能量的参与者，他们吃掉薯片的百分比的均值为 $M_{没有控制每天摄入的食品能量}=63.23\%$，标准差 $SD=31.04\%$，那些目前在控制每天摄入的食品能量的参与者，他们吃掉薯片的百分比的均值为 $M_{控制每天摄入的食品能量}=64.54\%$，标准差 $SD=26.16\%$。是否在控

制每天摄入的食品能量对因变量的影响不显著，$F(1, 158)=0.08$，$P=0.77$；以吃掉这包薯片的百分比为因变量，以是否在控制体重为自变量的单因素方差分析的结果显示，没有控制体重的参与者，他们吃掉薯片的百分比的均值为 $M_{没有控制体重}=65.66\%$，标准差 $SD=29.58\%$，那些目前在控制体重的参与者，他们吃掉薯片的百分比的均值为 $M_{控制体重}=63.11\%$，标准差 $SD=27.51\%$。是否在控制体重对因变量的影响不显著，$F(1, 158)=0.30$，$P=0.59$；最后，以吃掉这包薯片的百分比为因变量，以锻炼的频率为自变量的单因素方差分析的结果显示，平时偶尔锻炼的参与者，他们吃掉薯片的百分比的均值为 $M_{偶尔锻炼}=64.50\%$，标准差 $SD=28.85\%$，那些有时锻炼的参与者，他们吃掉薯片的百分比的均值为 $M_{有时锻炼}=56.37\%$，标准差 $SD=30.66\%$，而那些经常锻炼的参与者，他们吃掉薯片的百分比的均值为 $M_{经常锻炼}=69.69\%$，标准差 $SD=24.80\%$。锻炼频率对因变量的影响是显著的，$F(2, 157)=3.87$，$P=0.02$。事后分析（Post Hoc 检验）的结果显示，有时锻炼的参与者预计自己吃掉薯片的百分比的均值与偶尔锻炼的参与者的差异是显著的（$P<0.01$），与经常锻炼的参与者的差异也是显著的（$P<0.01$），而偶尔锻炼和经常锻炼的参与者之间的差异是不显著的（$P<0.42$）。

为了排除上述控制变量对自变量与因变量关系的影响，我们采用协方差分析（ANCOVA）检验食品能量信息对人们食品预期消费量的影响。我们以参与者预计自己吃掉薯片的百分比为因变量，以其所处的实验组为固定因子，以刚才我们发现与因变量有关系的饥饿程度、口渴程度、限制性进食倾向、体重、BMI 以及平时锻炼的频率为协变量进行一个协方差分析（方差分析的结果见表 3－11）。协方差分析的结果显示，即便是在控制了其他变量的影响之后，不同实验组即看到不同形式的能量信息的参与者在因变量上的差异仍然是显著的 [$F(1, 152)=6.92$，$P<0.01$]。此外，参与者当时的饥饿程度 [$F(1, 152)=5.04$，$P<0.05$]、限制性进食倾向 [$F(1, 152)=6.12$，$P<0.05$] 对因变量的影响也是显著的。参与者的 BMI [$F(1, 152)=3.23$，$P<0.1$] 和锻炼情况 [$F(1, 152)=2.86$，$P<0.1$] 对因变量的影响是边际显著的。

表 3－11　预估食品消耗百分比的协方差分析结果

源	Ⅲ型平方和	df	均方	F 值	P 值
校正模型	23 306.82	7	3 329.55	4.91	0.000
截距	95.11	1	95.11	0.14	0.708

（续）

源	Ⅲ型平方和	df	均方	F 值	P 值
饥饿程度	3 417.51	1	3 417.51	5.04	0.026
口渴程度	641.10	1	641.1	0.95	0.332
限制性进食倾向	4 147.04	1	4 147.04	6.12	0.014
体重	573.71	1	573.71	0.85	0.359
BMI	2 186.15	1	2 186.15	3.23	0.075
锻炼情况	1 937.06	1	1 937.06	2.86	0.093
实验分组	4 687.47	1	4 687.47	6.92	0.009
误差	103 037.18	152	677.88		
总计	781 704.00	160			
校正的总计	126 344.00	159			

注：$R^2=0.184$（调整 $R^2=0.147$）。

由于研究 1 还发现消费者平时锻炼身体的情况、控制每天摄入能量的情况以及控制体重的情况对 H1 产生调节作用，因此，我们使用协方差分析，以参与者预计自己吃掉薯片的百分比为因变量，以其所处的实验组以及锻炼身体的情况（或者控制每天摄入能量的情况、控制体重的情况）为固定因子，以与因变量有关系的饥饿程度、口渴程度、限制性进食倾向、体重、BMI 为协变量分别进行了三个协方差分析。协方差分析的结果显示，食品能量信息与参与者锻炼身体的情况之间的交互效应不显著［$F(2, 149)=1.26$，$P=0.29$］，食品能量信息与参与者控制每天摄入能量的情况之间的交互效应不显著［$F(1, 151)=1.19$，$P=0.28$］，食品能量信息与参与者控制体重的情况之间的交互效应也不显著［$F(1, 151)=0.10$，$P=0.76$］。研究 1 的结果分析中，我们只是分析了潜在调节变量（如锻炼身体的情况）在不同水平时，不同实验组的参与者在因变量上的取值有无显著差异，并没有控制其他变量带来的影响。在研究 2 中，我们尝试使用协方差分析控制其他变量带来的影响，所以这里没有发现在研究 1 中出现的交互效应。

针对研究 2 收集的数据，本研究再次验证了 H1。本研究的结果显示，与用卡路里表示食品能量相比，以等价体力活动表示食品能量时，消费者预计自己会消费更少的食品，因此他们消费的食品能量更低。而且协方差分析的结果显示，即便控制了其他变量对因变量的影响，食品能量信息对人们预计食品消费量的影响依然是显著的。另外，我们还发现参与者当时的饥饿程度、口渴程度、体重、BMI 与人们预测食品消费量存在正相关的关系，而限制性进食倾向与人们预测食品消费量存在负相关的关系，即人们当时越感到饥饿和口渴、体重越大、BMI 越大，预计自己越会消费更多薯片，而人们限制性进食的倾向越强，预计自己会消费更少薯片。最后，我们发现消费者平时锻炼身体的情况、控制每天摄入能量的情况以及控制体重的情况对 H1 这一主效应的调节作用不显著。

3.3 本章小结

本章主要对假设 H1 进行了检验。我们进行了两个研究，使用不同的决策情境、实验刺激物以及因变量的测量方法来检验 H1 的稳健性。研究 1 发现，与卡路里表示的能量信息组的参与者相比，等价体力活动表示的能量信息组的参与者选择低能量食品的个数更多，即等价体力活动表示的食品能量信息更有助于消费者选择低能量的食品。研究 2 的结果显示，与用卡路里表示食品能量相比，以等价体力活动表示食品能量时，消费者预计自己会消费更少的食品，因此他们消费的食品能量更低。

此外，在两个研究中我们都测量了参与者限制性饮食的倾向等控制变量，以期发现它们本身对因变量的影响以及可能对研究结果产生的调节作用。对于这些变量对因变量的影响，研究 1 的结果显示限制性进食倾向、卡路里知识和基本数学素养与人们选择低能量食品的个数存在正相关的关系，而研究 2 的结果显示参与者当时的饥饿程度、口渴程度、体重、BMI 与人们预测食品消费量存在正相关的关系，限制性进食倾向与人们预测食品消费量存在负相关的关系。人们限制性进食的倾向在两个研究中都与因变量相关，限制性进食的倾向越高，选择低能量食品的个数越多，预计自己的食品消费量越少。

对于这些变量对主效应的调节作用，研究 1 发现消费者平时锻炼身体的情况、控制每天摄入能量的情况以及控制体重的情况都对 H1 这一主效应产生调节作用。具体而言，食品能量信息的表达方式对那些有时或经常锻炼身体的人、控制每日摄入能量的人以及正在控制体重的人的作用更加显著。而对于偶尔才锻炼身体的、没有控制每日摄入能量以及没有控制体重的人，食品能量信息对他们没有产生显著影响。但在研究 2 中，更进一步的协方差分析并没有发现这些调节效应依旧是显著的。

第 4 章　预期负面情绪的中介作用

本书的第 3 章检验了基于体力活动的食品能量信息对消费者决策影响的主效应，通过两个不同决策情境、测量方法的研究，我们发现与卡路里表示食品能量相比，以等价体力活动表示食品能量时，消费者选择食品的能量更低，即等价体力活动表示的食品能量信息更有助于消费者选择低能量的食品。

本章将采用两个实验研究进一步探索上述效应的潜在机理。首先，研究 3 探讨当使用等价体力活动表示食品能量信息时，使用剧烈的体力活动表示食品能量信息和使用轻松的体力活动表示食品能量信息时，人们的食品消费决策是否有显著差异。我们推测用较剧烈的体力活动表示食品能量时，由于消费者联想到需要通过剧烈体力活动来消耗摄入某种食物的能量，会感到更加不快，所以选择的食品能量更低。在此基础上，在研究 4 中，我们测量了人们预计自己消费食品后会产生的负面情绪，检验预期负面情绪在基于体力活动的食品能量信息对消费者决策影响过程中的中介作用。

4.1　体力活动类型的选择

4.1.1　研究假设

有关等价体力活动的食品能量信息的现有研究中，学者们使用了不同类型的体力活动。例如，跑步（Downs、Wisdom 和 Loewenstein，2015；Jue 等，2012）、步行（Dowray 等，2013）等。

进行不同类型的体力活动消耗的能量不同。体重 68 公斤的成年人慢跑 1 小时（9 千米）消耗 655 大卡，慢走 1 小时（4 千米）消耗能量 255 大卡（国家体育总局，2013）。然而，不同类型体力活动除了消耗能量的速度有差异，它们给人们带来的感受也不同。Swartz 等（2013）进行了定性研究以了解人们对基于体力活动的能量信息的看法，访谈的结果显示跑步比步行更令人不快。此外，从我国传统养生观点看，步行、散步能够怡情，不会给人们带来思想负担（徐月英和王喜涛，2006），是很好的养生方式。所以从产生负面情绪的强度看，剧烈的体力活动带来的负面情绪更强。因此，我们认为，食品能量转化为跑步所需要的时间可能会对消费者决策产生更大影响。用较剧烈的体力活动表示食品能量时，由于消费者联想到需要通过剧烈体力活动来消耗摄入某种食物的能量，会感到更加不快，所以选择的食品能量更低。基于此，我们提出假设 H2。

H2：与使用轻松的体力活动相比，使用剧烈的体力活动表示食品能量时，消费者选择食品的能量更低。

4.1.2 研究方法

（1）研究设计

研究 3 是为了检验研究假设 H2，采用的是一个单因素两水平的组间实验设计，我们将参与者随机分为两组（步行时间表示的能量信息 vs 跑步时间表示的能量信息）。与前两个研究的设计不同，在本研究中，我们比较两种等价体力活动表示的能量信息，即以步行时间表示的能量信息与跑步时间表示的能量信息这两种情境下，人们对食品的预期消费量是否有显著差异。与研究 2 类似，为了掩盖实验的真实目的，我们首先请他们对一个包装食品的包装等进行评价，然后我们请他们想象一个情境，并估计在这个情境中他们愿意食用一袋食品的百分之多少。以步行时间表示的能量信息组的参与者看到的能量信息是消耗食品所含能量需要步行的时间表示，以跑步时间表示的能量信息组的参与者看到的能量信息是用消耗食品所含能量需要跑步的时间表示的。最终，我们将考察这两个实验组的参与者预计自己消费的食品的百分比是否有显著差异。

（2）实验参与者

同研究 1 和研究 2 不同，在研究 3 中，我们请在校大学生参与我们的研究，向他们发放纸质问卷收集样本数据。同使用在线平台时一样，我们仍然在问卷中设置了注意力检测的问题，未回答对这一问题的问卷被判定为不合格的问卷。不论参与者的问卷是否被判定为合格问卷，他们都被视为完成了课程的一个任务，这是获得课程学分所必需的，但只有通过了注意力检测的参与者的问卷才被视为有效问卷，研究 3 的问卷调查一共回收了 91 份问卷，其中 6 人注意力检测问题回答错误，所以最终共有 85 份有效问卷。样本的平均年龄为 20.63 岁（$SD=0.63$），由于本研究的样本是选修一门课的学生，所以年龄的方差比较小。77.6%的参与者为女性。样本在性别、年龄这两个人口统计学变量上的分布如表 4－1 所示。参与者的平均身高为 165.8 厘米，平均体重为 55.6 公斤。根据每位参与者在问卷中提供的身高和体重信息，我们计算出其 BMI，85 位参与者 BMI 的平均值为 20.1。参与者中 8.2%的人 BMI 超过了 23.9，处于超重或肥胖状态，22.3%的人 BMI 不足 18.5，处于体重过轻的状态，这些参与者 BMI 水平的分布见图 4－1。可以看出，和之前两个研究的样本相比，本研究中学生样本的 BMI 要更低一些。

表 4－1　研究 3 的样本构成

	类别	人数（人）	占比
性别	男	19	22.4%
	女	66	77.6%
年龄	19 岁及以下	4	4.7%
	20 岁	26	30.6%
	21 岁	52	61.2%
	22 岁及以上	3	3.5%

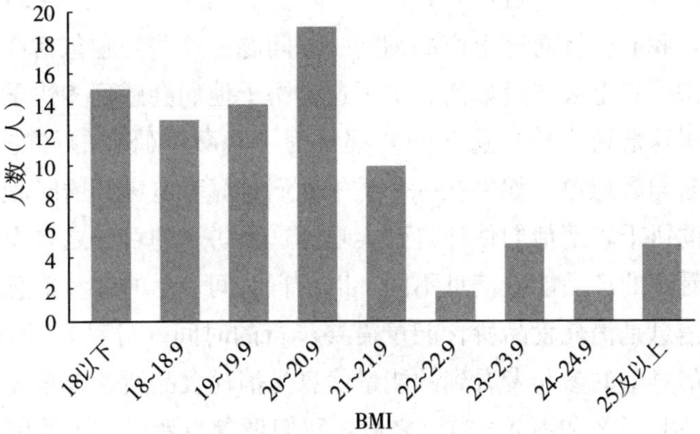

图 4－1　研究 3 样本在 BMI 上的分布

（3）实验刺激物的选择

实验中使用的刺激物是某品牌的饼干，和研究 1、研究 2 中使用的带包装的零食一样，这种食物非常容易破坏人们在控制饮食的过程中付出的努力。为了隐藏本研究的目的，和研究 2 类似，我们告诉参与者本研究是为了对产品的包装等进行评价。另外，和研究 2 相同，每位参与者只看到这一种产品，以及产品的能量信息。产品包装上有提供营养成分表，成分表提供了该产品单位重量包含的能量，即每100克所含能量，我们据此以及产品重量计算出每盒产品所含总能量。以步行时间表示的能量信息组的参与者看到的能量信息是消耗食品所含能量需要步行的时间（分钟），以跑步时间表示的能量信息组的参与者看到的能量信息是消耗食品所含能量需要跑步的时间（分钟）。我们使用和之前研究相同的方法确定该食品所含能量需要花费多少时间的步行才能消耗掉。而对于消耗食品能量所需跑步的时间，Blair等（2001）假定人们的平均体重为160磅（约折合72.6公斤），其以时速9.66千米跑步时，平均每分钟消耗的能量为12.8大卡（Dowray、Swartz、Braxton和Viera，2013）。为确定每种食品所含能量需要花费多少时间的跑步才能消耗掉，我们用食品所含能量除以上述每分钟跑步所消耗的能量。附录二提供了一些计算本研究中使用的刺激物的能量的过程。需要说明的是，虽然和步行不同，跑步并不是大多数人经常会参与的活动，但对于学生而言，跑步是一个考试项目，也是大家都经历过的一项运动。

（4）实验流程

在研究开始，我们询问了参与者现在有多饿和多渴，每位参与者在两道7点量表上打分（1＝“一点也不”，7＝“非常”）。随后，我们告诉参与者将看到一盒饼干，我们会针对这个产品询问一些问题。这些问题包括产品包装设计如何、这盒饼干看上去味道如何、吃了这盒饼干他们会感到多快乐，他们有多大可能性购买这盒饼干等，这些问题都是为了隐藏本研究的目的设置的。接着，我们请参与者想象，如果在一个下午他们打算看电影消磨时光，旁边有一袋刚才看到的饼干，请他们估计自己会吃掉这盒饼干的百分之多少。不同实验组的参与者看到的产品能量信息不同，以步行时间表示的能量信息组的参与者看到的能量信息是消耗食品所含能量需要步行的时间（分钟），而以跑步时间表示的能量信息组的参与者看到的能量信息是消耗食品所含能量需要跑步的时间（分钟）（图4-2和图4-3）。之后，我们请参与者提供了性别、年龄等基本的人口统计学信息，以及限制饮食的情况、理解能量信息的能力、基本数学素养等。此外，和研究1以及研究2不同，在研究3的问卷中我们增加了一个健康意识量表。该量表共包含了9道测量问项，其中包括“我经常反思自己的健康状况”“我对自己的健康状况非常敏感”“我会经常检查我的健康状况”“我对自己健康状况的变化保持警觉”“我非常关心我的健康”等。该量表采用在4点量表上作答的形式，其中1代表“一点不符合我的情况”，2代表“有点符合我的情况”，3代表“比较符合我的情况”，4代表“非常符合我的情况”。以往研究都是用上述 9 个问项的平均值代表每位参与者在该量表上的得分，参与者得分越高，其健康意识就越强。最后我们还询问了参与者的身高和体重，以计算他们的 BMI。完整的调查问卷见附录一中的问卷 3。

图 4-2　研究 3 中使用的刺激物
（步行时间表示的能量信息）

图 4-3　研究 3 中使用的刺激物
（跑步时间表示的能量信息）

4.1.3　结果与讨论

（1）数据的预处理

同研究 1 和研究 2 相似，我们首先计算了荷兰饮食行为问卷限制性进食子量表的信度指标 *Cronbach's alpha* 系数，可靠性分析的结果显示该量表的 *Cronbach's alpha* 系数为 0.85，这表明该量表具有较高的信度。所以我们将该量表的 10 个测量问项求平均值，得到了每位参与者在限制性进食这一变量上的得分。

然后，我们又计算了健康意识量表的信度指标 *Cronbach's alpha* 系数，可靠性分析的结果显示该量表的 *Cronbach's alpha* 系数为 0.86，这表明该量表具有较高的信度。所以我们将该量表的 9 个测量问项求平均值，得到了每位参与者在健康意识这一变量上的得分。

对于卡路里知识和基本数学素养，我们采用了和前两个研究相同的方法。首先判断参与者在每一道测量题目上的答案是否正确，如果其回答正确，那么该参与者在该题目上的得分记为 1 分，如果回答错误，则其在该题目上的得分记为 0 分。然后我们计算每位参与者在卡路里知识的 3 个测量题目中答对的个数以及在基本数学素养的 3 个测量题目中答对的个数，作为他们在这两个变量上的得分，即参与者在卡路里知识和基本数学素养这两个变量上的得分分别是他们在这两个变量的测量问项中回答正确的个数。

表4-2和表4-3展示了研究3两个实验组的参与者在人口统计学变量以及控制变量上的均值（数值型变量）或分布（类别型变量）。对于数值型变量，独立样本 t 检验的结果显示，两个实验组的参与者在饥饿程度、口渴程度、限制性进食倾向、健康意识、卡路里知识、基本数学素养、年龄、身高、体重以及 BMI 上的差异都是不显著的。对于类别型变量，交叉列联表的卡方检验显示，两个实验组的参与者在性别上的分布没有显著差异。

表4-2　研究3各实验组的参与者在各变量上的均值

变量	以步行时间表示的食品能量信息	以跑步时间表示的食品能量信息	P 值
饥饿程度	4.59	4.41	>0.05
口渴程度	4.90	4.59	>0.05
限制性进食倾向	2.96	2.82	>0.05
健康意识	2.96	2.75	>0.05
卡路里知识	1.47	1.37	>0.05
基本数学素养	2.50	2.37	>0.05
年龄（岁）	20.64	20.63	>0.05
身高（厘米）	166.45	165.07	>0.05
体重（千克）	56.51	54.61	>0.05
BMI（千克/平方米）	20.27	19.97	>0.05

表4-3　研究3各实验组的参与者在性别上的分布

变量	变量值	以步行时间表示的食品能量信息	以跑步时间表示的食品能量信息	P 值
性别	男	22.7%	22.0%	>0.05
	女	77.3%	78.0%	

（2）研究假设的检验

根据研究假设 H2，我们推断同以步行时间表示的能量信息组的参与者相比，以跑步时间表示的能量信息组的参与者预计自己将吃掉这盒饼干的百分比会更低。两独立样本 t 检验的结果显示，以步行时间表示的能量信息组的参与者平均估计自己会吃掉一盒饼干的 55.3%（$M_{\text{步行时间表示的能量信息}}=55.3\%$），而以跑步时间表示的能量信息组的参与者平均估计自己会吃掉一盒饼干的44.6%（$M_{跑步时间表示的能量信息}=44.6\%$），两个实验组参与者估计自己消费饼干的百分比差异是显著的［$t(83)=2.16$，$P=0.03$］（图 4-4）。这一结果初步表明 H2 得到了支持，即当用等价体力活动表示能量信息时，使用的活动越剧烈，人们消费的食品数量越少。

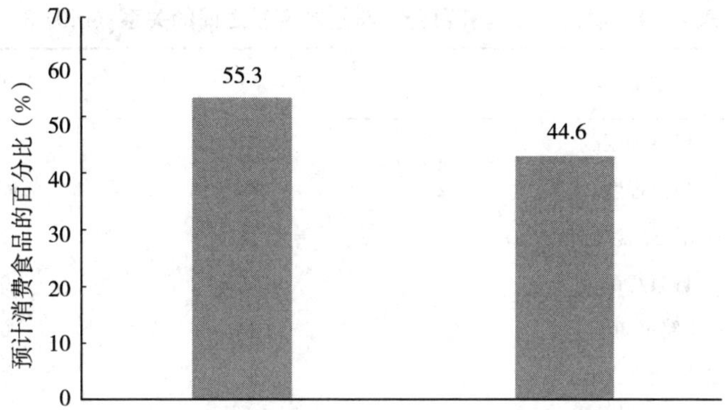

图 4-4　不同食品能量信息组参与者估计自己消费饼干百分比的均值

接着，我们考查了因变量与控制变量之间的关系。对于当时的饥饿程度、口渴程度、限制性进食倾向、健康意识等数值型变量，我们分别计算了因变量与所考察的每一个控制变量之间的 Pearson 相关系数。表 4-4 展示了相关分析的结果。分析结果显示，在研究 3 中，因变量仅与参与者当时的饥饿程度、口渴程度的相关关系显著。具体而言，因变量与当时的饥饿程度的相关系数为 0.29，$P<0.01$，即人们参与研究时感到越饥饿，他们预计自己消耗饼干的量越大。因变量与当时的口渴程度的相关系数为 0.28，$P<0.01$，即人们参与研究时感到越渴，他们预计自己消耗饼干的量越大。上述两个相关系数与研究 2 中的发现是一致的。而在研究 3 中，因变量与限制性进食倾向、健康意识、卡路里知识、基本数学素养等其他控制变量的相关关系不显著。这些结果与研究 2 的发现不一致。这可能是研究 2 与研究 3 使用的样本不同导致的。

为了排除上述控制变量对自变量与因变量关系的影响，我们采用协方差分析（ANCOVA）检验食品能量信息对人们食品预期消费量的影响。我们以参与者预计自己吃掉饼干的百分比为因变量，以其所处的实验组为固定因子，以刚才我们发现与因变量相关的饥饿程度、口渴程度、限制性进食倾向（边际显著）为协变量进行一个协方差分析（方差分析的结果见表 4-5）。协方差分析的结果显示，即便是在控制了其他变量的影响之后，不同实验组即看到不同形式的能量信息的参与者在因变量上的差异仍然是显著的 [$F(1, 80)=4.56$, $P=0.036$]。此外，参与者当时的饥饿程度 [$F(1, 80)=4.79$, $P=0.031$] 对因变量的影响也是显著的。参与者当时的口渴程度 [$F(1, 80)=2.94$, $P=0.09$] 对因变量的影响是边际显著的。

表 4-4 预估食品消耗百分比与控制变量之间的关系（研究 3）

变量	相关系数	P 值
饥饿程度	0.29	<0.01
口渴程度	0.28	<0.01
限制性进食倾向	−0.18	0.10
健康意识	−0.13	0.25
卡路里知识	−0.14	0.20
基本数学素养	0.13	0.26
年龄（岁）	−0.15	0.16
身高（厘米）	−0.07	0.54
体重（千克）	0.01	0.96
BMI（千克/平方米）	0.05	0.63

表 4-5 预估食品消耗百分比的协方差分析结果

源	Ⅲ型平方和	df	均方	F 值	P 值
校正模型	9 039.45	4	2 259.86	4.96	0.001
截距	3 729.38	1	3 729.38	8.19	0.005
饥饿程度	2 184.69	1	2 184.69	4.79	0.031
口渴程度	1 340.56	1	1 340.56	2.94	0.09
限制性进食倾向	1 375.27	1	1 375.27	3.02	0.086
实验分组	2 078.38	1	2 078.38	4.56	0.036
误差	36 450.12	80	455.63		
总计	259 091.00	85			
校正的总计	45 489.58	84			

注：$R^2=0.199$（调整 $R^2=0.159$）。

在问卷中，询问了参与者产品包装设计如何、这盒饼干看上去味道如何、他们有多大可能性购买这盒饼干等，这些问题都是为了隐藏本研究的目的设置的。两独立样本 t 检验的结果显示，两个实验情境下的参与者对饼干包装设计的评价差异是不显著的［$M_{步行时间表示的能量信息}=5.14$ vs $M_{跑步时间表示的能量信息}=5.05$，$t(83)=0.34$，$P=0.74$］，对这盒饼干看上去的味道的评价也是不显著的［$M_{步行时间表示的能量信息}=5.34$ vs $M_{跑步时间表示的能量信息}=5.20$，$t(83)=0.57$，$P=0.57$］，此外，他们购买这盒饼干的可能性的差异也是不显著的［$M_{步行时间表示的能量信息}=5.00$ vs $M_{跑步时间表示的能量信息}=4.61$，$t(83)=1.28$，$P=0.20$］。因此，上述我们发现的两个实验组参与者预期消耗这盒饼干的百分比也不是因为他们对包装设计的评价的差异等原因造成的。

在研究 3 中，我们用健康意识量表取代了前两个研究询问参与者平时锻炼身体的情况、控制每天摄入能量的情况以及控制体重的情况。为了检验健康意识和实验情境之间是否存在交互效应，我们常用的分类方法是以所有参与者健康意识得分的中位数为分界点，将他们分为健康意识较弱和健康意识较强的两组。具体而言，我们计算了每一位参与者健康意识的得分，随后我们计算出所有参与者健康意识得分的中位数（median＝2.78），并以此为分界点将所有参与者分为两组——健康意识较强的（得分大于 2.78）以及健康意识较弱的（得分小于 2.78）；然后以参与者预计自己吃掉饼干的百分比为因变量，以其所处的实验组以及健康意识（强 vs 弱）为固定因子，以饥饿程度、口渴程度、限制性进食倾向为协变量进行一个协方差分析。协方差分析的结果显示，实验分组与健康意识的交互效应是不显著的，$F(1, 78)=0.02$，$P=0.89$。这一发现和研究 2 的发现类似。

研究 3 验证了假设 H2。本研究的结果显示，以跑步时间表示食品能量信息时，人们预计自己消费食品的数量小于以步行时间表示食品能量信息的时候。也就是说，当使用跑步这一比较剧烈的运动来转换食品能量信息时，人们预计自己消费食品的数量更小。此外，我们还发现参与者当时的饥饿程度、口渴程度与自己对食品消费量的预测正相关，限制性进食倾向与参与者对食品消费量的预测的相关性是边际显著的。最后，协方差分析的结果显示，即便是控制了饥饿程度等对结果的影响，食品能量信息的形式对人们预计消费的食品数量的影响仍然是显著的。

4.2　预期负面情绪的中介作用

研究 3 发现当使用更剧烈的活动表示食品能量信息时，人们预计自己消费食品的数量更少，我们推测这是因为当人们想到今后如果食用这种食品的话需要进行剧烈的体力活动把食品提供的能量消耗掉，就会产生比较强的负面情绪，而如果用步行这种不太剧烈的体力活动表示食品能量的话，人们产生的负面情绪就没有那么强烈。因此，在接下来的研究 4 中，我们将探讨等价体力活动表示的食品能量信息如何对人们的食品消费决策产生影响。

4.2.1 研究假设

生活中，人们经常要事先预测未来某件事情或行为发生时会体验到何种情绪，即进行情绪预测（Baumeister 等，2007；Baumgartner 等，2008；Wilson 和 Gilbert，2003）。人们之所以可以在事情发生之前就预测到事件发生时会产生何种情绪是因为心理模拟的缘故。心理模拟是一个由视觉或语言线索触发的情境或事件的投射。因为心理模拟可以在事件发生之前就引发人们强烈的情感反应，所以能让人们提前体验未来的反应和感受（Fiske，1993；Polkinghorne，1991；Taylor 和 Schneider，1989）。

以等价体力活动表示的食品能量，通常都是以距离或时间表示。这种信息比卡路里、千焦更具体，消费者不需拥有丰富的营养知识就能理解其意义。当消费者选择食物时，消费者会在脑海中想象未来消费的情景，如果他们看到的是等价体力活动表示的能量，就更容易预料到如果选择、消费能量比较高的食物，就需要花费时间、体力将摄入过剩的能量消耗掉（Swartz 等，2013），此时消费者可能会产生负面的预期情绪。而负面预期情绪的产生会使消费者选择能量较低的食物，因为低能量食物不需要付出太多代价就能将其提供的能量消耗掉。相对而言，人们看到卡路里表示的能量信息时，不太可能体会到负面的预期情绪，也就没有选择能量低的食品的意愿。也就是说，与卡路里表示的食品能量信息相比，等价体力活动表示的食品能量信息会让食品的能量更鲜明地浮现在人们的脑海中，进而更容易预测到摄入更多食物带来的代价，产生更大的负面情绪，因此他们就不会摄入能量太大的食物。基于此，我们提出假设 H3。

H3：基于等价体力活动的食品能量通过预期情绪影响消费者食品决策行为。

4.2.2 研究方法

(1) 研究设计

研究 4 主要是为了检验研究假设 H3。决策情境与研究 3 类似，而与研究

3的不同是，实验组不同，同时还测量了中介变量。具体而言，研究4采用的是一个单因素两水平的组间实验设计，我们依旧是比较以卡路里表示的食品能量信息与以等价体力活动表示的食品能量信息这两种情境下，人们对食品的预期消费量是否有差异。我们仍然是将参与者随机分为两组（卡路里表示的能量信息组vs等价体力活动表示的能量信息组），为了掩盖实验的真实目的，我们首先请他们对一个包装食品的包装等进行评价，然后我们请他们想象一个情境，并估计在这个情境中他们愿意食用一袋食品的百分之多少。卡路里表示的能量信息组的参与者看到的能量信息是传统的以卡路里表示的能量信息，等价体力活动表示的能量信息组的参与者看到的食品能量信息是以消耗食品所含能量需要跑步的时间表示的。最终，我们将考察这两个实验组的参与者预计自己消费的食品数量是否有显著差异，以及预期负面情绪在食品能量信息对食品消费的影响过程中是否起到中介作用。

（2）实验参与者

与研究1和研究2类似，我们利用网上问卷调查的方式采集数据，通过见数的样本服务收集样本数据。我们在问卷中设置了注意力检测的问题，未回答对这一问题的问卷被判定为不合格的问卷。而每位按照要求完成问卷填写的参与者可得到2.5元人民币的报酬。研究4的问卷调查一共回收了91份有效问卷。样本的平均年龄为29.97岁（SD=6.33）。69.2%的参与者为女性。样本在性别、年龄这两个人口统计学变量上的分布如表4-6所示。参与者的平均身高为167.4厘米，平均体重为58.1公斤。根据每位参与者在问卷中提供的身高和体重信息，我们计算出其BMI，91位参与者BMI的平均值为20.6。参与者中7.7%的人BMI超过了23.9，处于超重或肥胖状态，17.6%的人BMI不足18.5，处于体重过轻的状态，这些参与者BMI水平的分布见图4-5。

表4-6　研究4的样本构成

	类别	人数（人）	占比
性别	男	28	30.8%
	女	63	69.2%
年龄	18～25岁	19	20.9%
	26～35岁	58	63.7%
	36～45岁	12	13.2%
	46岁以上	2	2.2%

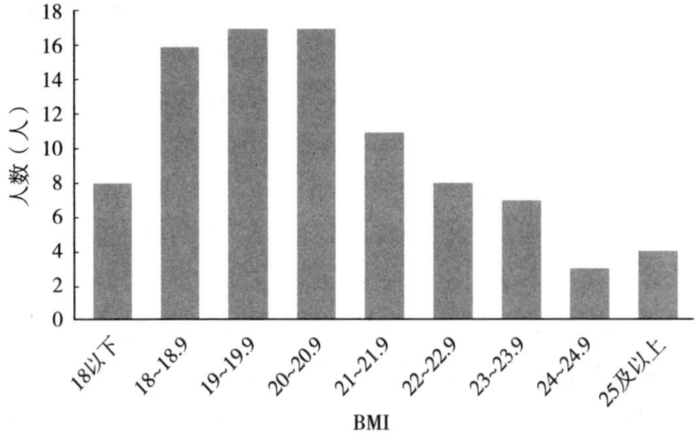

图 4-5　研究 4 样本在 BMI 上的分布

(3) 实验刺激物的选择

同研究 3 相同，实验中使用的刺激物是某品牌的饼干，这种食物非常容易破坏人们在控制饮食的过程中付出的努力。为了隐藏本研究的目的，和研究 2、研究 3 类似，我们告诉参与者本研究是为了对产品的包装等进行评价。另外，每位参与者只看到这一种产品，以及产品的能量信息。产品包装上有提供营养成分表，成分表提供了该产品单位重量包含的能量，即每 100 克所含能量，我们据此以及产品重量计算出每盒产品所含总能量。卡路里表示的能量信息组的参与者看到的食品能量信息都以其所含大卡数量表示。等价体力活动表示的能量信息组看到的食品能量信息是用消耗掉该产品提供的能量需要跑步的时间（分钟）来表示。

(4) 实验流程

在研究开始，我们询问了参与者他们现在有多饿和多渴，每位参与者在两道 7 点量表上打分（1＝“一点也不”，7＝“非常”）。随后，我们告诉参与者他们将看到一盒饼干，我们会针对这个产品询问一些问题。这些问题包括产品包装设计如何、这盒饼干看上去味道如何、吃了这盒饼干他们会感到多快乐，他们有多大可能性购买这盒饼干等，这些问题都是为了隐藏本研究的目的设置的。接着，我们请参与者想象，如果在一个下午他们打算看电影消磨时光，旁边有一袋刚才看到的饼干，请他们估计自己会吃掉这盒饼干的百分之多少。不同实验组的参与者看到的产品能量信息不同，以卡路里表示的能量信息组的参与者看到的能量信息是传统的以卡路里表示的能量信息，而以跑步时间表示的能量信息组的参与者看到的能量信息是以消耗食品所含能量需要跑步的时间（分钟）表示的（图 4－6 和图 4－7）。随后，我们使用 3 个问项询问了参与者的预期负面情绪，具体而言，我们询问了参与者们“您觉得如果您吃过这盒饼干后，您会感到多内疚”（1＝“一点也不内疚”，7＝“非常内疚”），“您觉得如果您吃过这盒饼干后，您会感到多羞愧”（1＝“一点也不羞愧”，7＝“非常羞愧”），以及“您觉得如果您吃过这盒饼干后，您会感到多后悔”（1＝“一点也不后悔”，7＝“非常后悔”）。之后，我们请参与者提供了性别、年龄等基本的人口统计学信息，以及限制饮食的情况、理解能量信息的能力、基本数学素养、健康意识等。最后我们还询问了参与者的身高和体重，以计算他们的 BMI。完整的调查问卷见附录一中的问卷 4。

图 4－6　研究 4 中使用的刺激物

（卡路里表示的能量信息组）

图 4－7　研究 4 中使用的刺激物

（等价体力活动表示的能量信息组）

4.2.3　结果与讨论

（1）数据的预处理

同研究 3 相似，我们首先计算了荷兰饮食行为问卷限制性进食子量表的信度指标 *Cronbach's alpha* 系数，可靠性分析的结果显示该量表的 *Cronbach's alpha* 系数为 0.91，这表明该量表具有较高的信度。所以我们将该量表的 10 个测量问项求平均值，得到了每位参与者在限制性进食这一变量上的得分。

然后，我们又计算了健康意识量表的信度指标 *Cronbach's alpha* 系数，可靠性分析的结果显示该量表的 *Cronbach's alpha* 系数为 0.85，这表明该量表具有较高的信度。所以我们将该量表的 9 个测量问项求平均值，得到了每位参与者在健康意识这一变量上的得分。

对于 3 个测量预期负面情绪的问项，我们也计算了它们的信度指标 *Cronbach's alpha* 系数，可靠性分析的结果显示预期负面情绪的 *Cronbach's alpha* 系数为 0.86，这表明该量表具有较高的信度。因此我们将这 3 个问项的得分求平均值，得到了每位参与者预期负面情绪这一变量上的得分。

对于卡路里知识和基本数学素养，我们采用了和前几个研究相同的方法。首先判断参与者在每一道测量题目上的答案是否正确，如果其回答正确，那么该参与者在该题目上的得分记为 1 分，如果回答错误，则其在该题目上的得分记为 0 分。然后我们计算每位参与者在卡路里知识的 3 个测量题目中答对的个数以及在基本数学素养的 3 个测量题目中答对的个数，作为他们在这两个变量上的得分，即参与者在卡路里知识和基本数学素养这两个变量上的得分分别是他们在这两个变量的测量问项中，回答正确的个数。

表 4 - 7 和表 4 - 8 展示了研究 4 两个实验组的参与者在人口统计学变量以及控制变量上的均值（数值型变量）或分布（类别型变量）。对于数值型变量，独立样本 t 检验的结果显示，两个实验组的参与者在饥饿程度、口渴程度、限制性进食倾向、健康意识、卡路里知识、基本数学素养、年龄、身高、体重以及 BMI 上的差异都是不显著的。对于类别型变量，交叉列联表的卡方检验显示，两个实验组的参与者在性别上的分布没有显著差异。

表 4 - 7　研究 4 各实验组的参与者在各变量上的均值

变量	以卡路里表示的食品能量信息	以跑步时间表示的食品能量信息	P 值
饥饿程度	3.66	3.96	>0.05
口渴程度	4.52	4.28	>0.05
限制性进食倾向	2.92	3.17	>0.05
健康意识	2.96	2.92	>0.05
卡路里知识	1.45	1.47	>0.05
基本数学素养	2.23	2.26	>0.05
年龄（岁）	30.23	29.72	>0.05
身高（厘米）	166.60	168.06	>0.05
体重（千克）	57.72	58.49	>0.05
BMI（千克/平方米）	20.61	20.58	>0.05

表 4-8 研究 4 各实验组的参与者在性别上的分布

变量	变量值	以卡路里表示的食品能量信息	以跑步时间表示的食品能量信息	*P* 值
性别	男	27.3%	34.0%	>0.05
	女	72.7%	66.0%	

(2) 研究假设的检验

首先，我们检验一下食品能量信息对参与者食品消费决策影响的主效应。根据研究假设 H1，我们推断同卡路里表示的能量信息组的参与者相比，以跑步时间表示的能量信息组的参与者预计自己将吃掉这盒饼干的百分比会更低。两独立样本 t 检验的结果显示，以卡路里表示的能量信息组的参与者平均估计自己会吃掉一盒饼干的 67.8%（$M_{卡路里表示的能量信息}=67.8\%$），而以跑步时间表示的能量信息组的参与者平均估计自己会吃掉一盒饼干的 46.6%（$M_{跑步时间表示的能量信息}=46.6\%$），两个实验组参与者估计自己消费饼干的百分比差异是显著的［$t(89)=4.13$，$P<0.01$］（图 4-8）。这一结果再次验证了 H1，即与用卡路里表示食品能量信息相比，当用等价体力活动表示能量信息时，人们消费的食品数量更少。

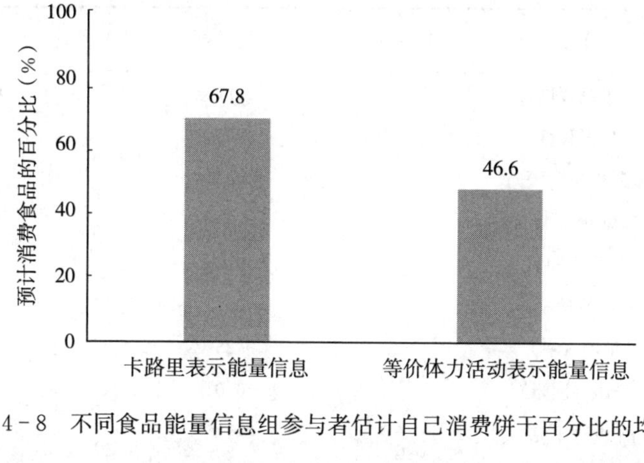

图 4-8 不同食品能量信息组参与者估计自己消费饼干百分比的均值

接着，我们考查了自变量和中介变量之间的关系。根据假设 H3，当食品能量以等价体力活动表示时，人们的预期负面情绪更高，即我们推断同卡路里表示的能量信息组的参与者相比，以跑步时间表示的能量信息组的参与者预计自己的负面情绪会更高。两独立样本 t 检验的结果显示，以卡路里表示的能量信息组参与者的平均预期负面情绪为 2.40（$M_{卡路里表示的能量信息}=2.40$），而以跑步时间表示的能量信息组参与者的平均预期负面情绪为 3.06（$M_{跑步时间表示的能量信息}=3.06$），两个实验组参与者的平均预期负面情绪的差异是显著的［$t(89)=-2.68$，$P<0.01$］。

随后，我们考查了因变量与控制变量之间的关系。对于当时的饥饿程度、口渴程度、限制性进食倾向、健康意识等数值型变量，我们分别计算了因变量与所考察的每一个控制变量之间的 Pearson 相关系数。表 4－9 展示了相关分析的结果。分析结果显示，在研究 4 中，因变量与参与者当时的口渴程度、卡路里知识、年龄以及 BMI 的相关关系显著。具体而言，因变量与当时的口渴程度的相关系数为 0.25，$P=0.02$，即人们参与研究时感到越口渴，他们预计自己消耗饼干的量越大。因变量与参与者的卡路里知识相关系数为－0.26，$P=0.01$，即参与者的卡路里知识越丰富，他们预计自己消耗饼干的量越小。因变量与参与者的年龄相关系数为 0.25，$P=0.02$，即参与者的年龄越大，他们预计自己消耗饼干的量越大。因变量与参与者的 BMI 相关系数为 0.21，$P=0.05$，即参与者的 BMI 越大，他们预计自己消耗饼干的量越大。口渴程度、BMI 与参与者预计消费饼干百分比的相关性与研究 2 的发现是一致的。

表 4－9　预估食品消耗百分比与控制变量之间的关系（研究 4）

变量	相关系数	*P* 值
饥饿程度	0.11	0.30
口渴程度	0.25	0.02
限制性进食倾向	－0.21	0.05
健康意识	0.01	0.94
卡路里知识	－0.26	0.01
基本数学素养	－0.11	0.31
年龄（岁）	0.25	0.02
身高（厘米）	－0.01	0.90
体重（千克）	0.12	0.26
BMI（千克/平方米）	0.21	0.05

最后，在上述分析的基础上，我们使用 Hayes（2017）SPSS 的 PROCESS 插件（Model 4）检验预期负面情绪的中介效应。PROCESS 插件是专门为检验中介效应、调节效应而开发的，在很多研究中被广泛使用。在模型 4 中，我

们以参与者预计自己吃掉饼干的百分比为因变量，以其所处的实验组为自变量，预期负面情绪为中介变量，为了排除上述控制变量对自变量与因变量关系的影响，我们将与因变量相关性显著的口渴程度、限制性进食倾向、卡路里知识、年龄、BMI 作为协变量纳入模型。置信区间设置为 95%，样本量为 5 000。分析结果见图 4－9。分析的结果显示，预期负面情绪在食品能量信息对预期食品消费的影响中起中介作用。具体而言，食品能量信息通过预期负面情绪进而影响预期食品消费的间接效应的大小为－2.87，95%的置信区间不包含 0(CI 95%＝［－6.73，－0.18］)，所以，假设 H3 得到了支持。

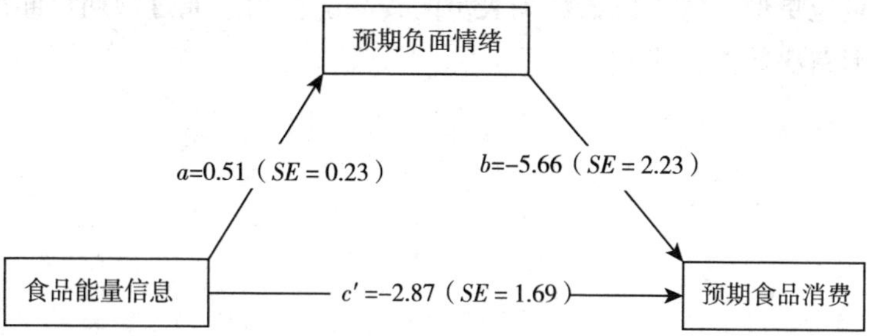

图 4－9　中介效应检验的结果

研究 4 验证了假设 H3。本研究的结果显示，与卡路里表示的食品能量信息相比，用等价体力活动表示食品能量信息时，人们预测自己在消费食品后更后悔、更内疚和更羞愧，预计自己消费食品的数量也更低。等价体力活动表示的食品能量信息通过预期负面情绪对人们的消费决策产生影响。具体而言，与卡路里表示的食品能量信息相比，等价体力活动表示的食品能量信息会让人们预测到自己消费食品之后会有更大的负面情绪，进而减少了人们对食品的消费。此外，我们还发现参与者当时的口渴程度、限制性进食倾向、卡路里知识、年龄、BMI 与自己对食品消费量的预测相关，但即便是控制了限制性进食倾向等对结果的影响，预期负面情绪在食品能量信息的形式对人们预计消费的食品数量的影响中的中介效应仍然是显著的。

4.3　本章小结

本章主要对假设 H2 和假设 H3 进行了检验。我们进行了两个实验研究。研究 3 检验了假设 H2，其结果显示，与使用步行表示食品能量相比，使用跑步这种更剧烈的活动表示食品能量信息时，人们预计自己消费食品的数量更少。我们推测这是因为当人们想到如果食用这种食品的话需要进行剧烈的体力活动把食品提供的能量消耗掉，就会产生比较强的负面情绪，而如果用步行这种不太剧烈的体力活动表示食品能量的话，人们产生的负面情绪就没有那么强烈。

在研究 3 的基础上，研究 4 检验了假设 H3，探索了预期负面情绪在基于体力活动的食品能量信息对消费者决策影响过程中的中介作用。研究结果显示，与卡路里表示的食品能量信息相比，用等价体力活动表示食品能量信息时，人们预测自己在消费食品后更后悔、更内疚和更羞愧，进而预计自己消费食品的数量也更低。等价体力活动表示的食品能量信息通过预期负面情绪对人们的食品消费决策产生影响。

第 5 章　食品类型和决策情境的调节作用

本书的第 4 章检验了基于体力活动的食品能量信息对消费者食品决策影响的潜在中介变量，并发现预期负面情绪在上述影响的过程中起到中介作用，即等价体力活动表示的食品能量信息通过预期负面情绪对人们的食品消费决策产生影响。具体而言，与卡路里表示的食品能量信息相比，用等价体力活动表示食品能量信息时，人们预测自己在消费食品后更后悔、更内疚和更羞愧，进而预计自己消费食品的数量也更低。

本章将采用两个双因素组间设计的实验研究探索基于体力活动的食品能量信息对消费者食品决策影响的调节变量，从另外一个角度验证预期负面情绪的中介作用。首先，研究 5 探讨了食品类型的调节作用。我们预测，当消费者面对的是垃圾食品时，使用等价体力活动表示食品能量信息时，人们预计消费食品的能量更低。因为从长期看，垃圾食品对人们的健康是有害的。用等价体力活动表示食品能量信息时，人们预测自己在消费食品后更后悔、更内疚和更羞愧，预计自己消费食品的数量也更低。而当消费者面对的是健康食品时，人们在想到食用它们之后不太会产生负面情绪，所以其预计消费数量也不会受到影响。而在研究 6 中，我们探讨了决策情境的调节作用。我们推测，当人们根据情感做决策时，基于体力活动的食品能量信息会给他们带来比较大的预期负面情绪，进而影响其食品消费决策，而当人们根据分析做决策时，他们更不会产生很大的预期负面情感，因此其食品消费决策更不会受到影响。

5.1　食品类型的调节作用

5.1.1　研究假设

Wertenbroch（1998）提出了有益品和有害品的概念。他指出，有害品在短期会给消费者带来很大享受，但从长期看却会给消费者带来损失；与此相反，有益品在短期内带给消费者的收益低于有害品，但却给人们带来较大的长期收益。具体到食品消费领域，垃圾食品（比如，巧克力蛋糕等）的消费能给人们带来即时的快感，但从长期看，它们会有损人们的健康，而健康食品（比如，水果等）却相反（Mishara 和 Mishra，2011），虽然它们给人们带来的即时快感不大，但却有着比较大的长期收益。

提供同样能量的食品，它们的健康程度可能不同。有的食品对健康有害，而有的食品则有益健康。比如，相同质量的扁桃仁与饼干所含能量都很高，但扁桃仁富含人体必需的氨基酸和微量元素，而饼干除了脂肪和碳水化合物，几乎没有什么对人体有益的成分（王燕等，2009）。

Swartz 等（2013）进行的定性研究发现，人们认为等价体力活动表示的食品能量更具警示作用，想到吃掉一个巨无霸汉堡需要付出那么多代价，他们就可能会选择能量比较低的三明治。在第 4 章中，我们发现预期负面情绪在基于体力活动的食品能量信息对消费者决策影响过程中的中介作用，与卡路里表示的食品能量信息相比，人们预测自己在消费食品后更后悔、更内疚和更羞愧，预计自己消费食品的数量也更低。而由于食品有不同的类型，根据健康食品和垃圾食品的分类，我们推测，只有对于垃圾食品，人们才会想到食用它们会产生负面情绪，因为它们长期来看对人们的健康是有害的，而对于健康食品，人们食用它们之后不太会产生负面情绪。因此，我们提出假设 H4。

H4：基于体力活动的食品能量对消费者决策的影响受食品类型（健康食品 vs 垃圾食品）的调节。

H4a：对于健康食品，同用卡路里表示食品能量相比，当用等价体力活动表示食品能量时，消费者选择的食品能量没有显著差异。

H4b：对于垃圾食品，同用卡路里表示食品能量相比，当用等价体力活动表示食品能量时，消费者选择的食品能量更低。

5.1.2 研究方法

（1）研究设计

研究 5 是为了检验假设 H4，采用的是一个 2（食品能量信息：卡路里表示的能量信息 vs 等价体力活动表示的能量信息）×2（食品类型：健康食品 vs 垃圾食品）的双因素组间设计。我们将参与者随机分为四组。在本研究中，我们比较当食品类型不同时，食品能量信息对人们的预期食品消费量的影响是否不同。与研究 2 类似，为了掩盖实验的真实目的，我们首先请参与者对两个食品的包装或图片进行评价，然后我们请他们想象一个情境，并估计在这个情境中他们愿意食用给定食品的百分之多少。卡路里表示的能量信息条件下的参与者看到的能量信息是传统的以卡路里表示的能量信息，等价体力活动表示的能量信息条件下的参与者看到的食品能量信息是以消耗食品所含能量需要步行的时间表示的。健康食品条件下的参与者看到给定的食品是葡萄，垃圾食品条件下的参与者看到给定的食品是薯片。最终，我们将比较当食品类型不同时，食品能量信息对人们的预期食品消费量的影响是否不同。

(2) 实验参与者

我们利用网上问卷调查的方式采集数据，通过见数的样本服务收集样本数据。我们在问卷中设置了注意力检测的问题，未回答对这一问题的问卷被判定为不合格的问卷。每位按照要求完成问卷填写的参与者得到了 2.5 元人民币的报酬。研究 5 的问卷调查一共回收了 173 份有效问卷。样本的平均年龄为 31.05 岁（$SD=7.76$）。59.5%的参与者为女性。样本在性别、年龄这两个人口统计学变量上的分布如表 5-1 所示。参与者的平均身高为 168.1 厘米，平均体重为 60.4 公斤。根据每位参与者在问卷中提供的身高和体重信息，我们计算出其 BMI，173 位参与者 BMI 的平均值为 21.3。参与者中 13.9%的人 BMI 超过了 23.9，处于超重或肥胖状态，12.7%的人 BMI 不足 18.5，处于体重过轻的状态，这些参与者 BMI 水平的分布见图 5-1。

表 5-1　研究 5 的样本构成

	类别	人数（人）	占比
性别	男	70	40.5%
	女	103	59.5%
年龄	18～25 岁	39	22.5%
	26～35 岁	99	57.2%
	36～45 岁	25	14.5%
	46 岁以上	10	5.8%

(3) 实验刺激物的选择

实验中使用的刺激物是葡萄和某品牌的薯片。健康食品条件下使用的刺激物是葡萄，因为葡萄不仅含有多重矿物质、维生素和氨基酸，其中含有的多种果酸有助于消化，适当多食用些葡萄有益于脾胃（陈树俊，2008）。而垃圾食品条件下使用的刺激物是某品牌的薯片，因为薯片这种食物非常容易破坏人们

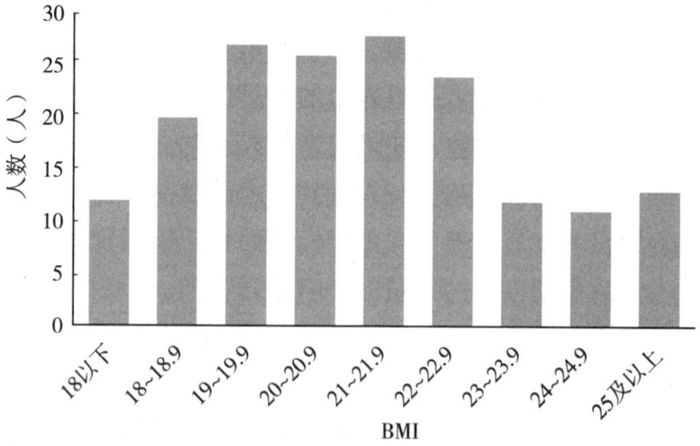

图 5-1　研究 5 参与者在 BMI 上的分布

在节食过程中付出的努力，是不健康的（Montford 和 Peloza，2017）。我们还进行了一个预测试。我们使用见数的样本服务，询问了 50 位参与者，请他们回答“您觉得葡萄有多健康”以及“您觉得薯片有多健康”这两个问题，分别在 7 点量表上打分（1＝“一点也不健康”，7＝“非常健康”）。配对样本 t 检验的结果显示大家觉得葡萄比薯片更健康 [$M_{葡萄}=6.36$ vs $M_{薯片}=2.62$，$t(49)=19.56$，$P<0.001$]。

对于食物的热量，薯片产品包装上有提供营养成分表，成分表提供了该产品单位重量包含的能量，即每 100 克所含能量，我们据此以及产品重量计算出每包产品所含总能量。而对于葡萄，每 100 克（可食部分）葡萄所含热量为 45 大卡，一串葡萄的质量根据大小不同，从 100 克到 1 000 克不等。我们假定中等大小的一串葡萄为 430 克，计算出一串葡萄所含的热量为 194 大卡。卡路里表示的能量信息组的参与者看到的食品能量信息都以食品所含大卡数量表示。等价体力活动表示的能量信息组看到的食品能量信息是用消耗掉该产品提供的能量需要步行的时间（分钟）来表示。我们使用和研究 1 相同的方法确定该食品所含能量需要花费多少时间的步行才能消耗掉。

(4) 实验流程

在研究开始，我们询问了参与者他们现在有多饿和多渴，每位参与者在两道 7 点量表上打分（1＝“一点也不”，7＝“非常”）。随后，我们告诉参与者他们将看到一些食物（葡萄、薯片等），我们会针对这些产品询问一些问题。这些问题主要包括产品看上去味道如何，产品的图片或者包装看上去如何，这些问题都是为了隐藏本研究的目的设置的。接着，我们请参与者想象在健康食品的情境下，如果在一个下午他们打算看电影消磨时光，旁边有一串刚才看到的葡萄，请他们估计自己会吃掉这串葡萄的百分之多少。在垃圾食品的情境下，参与者想象，如果在一个下午他们打算看电影消磨时光，旁边有一袋刚才看到的薯片，请他们估计自己会吃掉这包薯片的百分之多少。此外，不同实验情境的参与者看到的产品能量信息也不同，卡路里表示的能量信息组的参与者看到的能量信息是以大卡表示的，而等价体力活动表示的能量信息组的参与者看到的能量信息是消耗此产品所含能量需要步行的时间（本研究使用的刺激物如图 5-2 至图 5-5）。之后，和研究 1、研究 2 相同，我们请参与者提供了性别、年龄等基本的人口统计学信息，以及限制饮食的情况、对能量信息的知识、基本数学素养、平时的运动习惯等。最后我们还询问了参与者的身高和体重，用以计算他们的 BMI。完整的调查问卷见附录一中的问卷 5。

图 5-2　研究 5 中使用的刺激物
（健康食品 & 卡路里表示的能量信息）

图 5-3　研究 5 中使用的刺激物
（健康食品 & 等价体力活动表示的能量信息）

图 5-4　研究 5 中使用的刺激物
（垃圾食品 & 卡路里表示的能量信息）

图 5-5　研究 5 中使用的刺激物
（垃圾食品 & 等价体力活动表示的能量信息）

5.1.3 结果与讨论

(1) 数据的预处理

同前述研究相似，我们首先计算了荷兰饮食行为问卷限制性进食子量表的信度指标 *Cronbach's alpha* 系数，可靠性分析的结果显示该量表的 *Cronbach's alpha* 系数为 0.91，这表明该量表具有较高的信度。所以我们将该量表的 10 个测量问项求平均值，得到了每位参与者在限制性进食这一变量上的得分。

对于卡路里知识和基本数学素养得分的计算，我们采用了和前面的研究相同的方法。首先判断参与者在每一道测量题目上的回答是否正确，如果其回答正确，那么该参与者在该题目上的得分记为 1 分，如果回答错误，则其在该题目上的得分记为 0 分。然后我们计算每位参与者在卡路里知识的 3 个测量题目中答对的个数以及在基本数学素养的 3 个测量题目中答对的个数，作为他们在这两个变量上的得分，即参与者在卡路里知识和基本数学素养这两个变量上的得分分别是他们在这两个变量的测量问项中，回答正确的个数。

表 5-2 和表 5-3 展示了不同实验组的参与者在人口统计学变量以及控制变量上的均值（数值型变量）或分布（类别型变量）。对于数值型变量，单因素方差分析的结果显示，四个实验组的参与者在口渴程度、限制性进食倾向、卡路里知识、基本数学素养、年龄、身高、体重以及 BMI 上的差异都是不显著的，在饥饿程度上的差异是显著的。对于类别型变量，交叉列联表的卡方检验显示，两个实验组的参与者在性别、平日里锻炼的频率上的分布没有显著差异，每个实验组的参与者控制每天摄入的食品能量、控制体重的参与者的比例也没有显著差异。

表 5-2　研究 5 各实验组的参与者在各变量上的均值

变量	卡路里 & 健康食品	等价体力活动 & 健康食品	卡路里 & 垃圾食品	等价体力活动 & 垃圾食品	*P* 值
饥饿程度	4.00	3.21	4.29	3.68	0.02
口渴程度	4.55	3.76	4.40	3.84	>0.05
限制性进食倾向	3.10	3.25	2.97	3.13	>0.05
卡路里知识	1.48	1.50	1.60	1.45	>0.05
基本数学素养	2.40	2.62	2.31	2.64	>0.05
年龄（岁）	29.45	32.33	31.24	31.16	>0.05

（续）

变量	卡路里 & 健康食品	等价体力活动 & 健康食品	卡路里 & 垃圾食品	等价体力活动 & 垃圾食品	P 值
身高（厘米）	167.88	168.79	168.16	167.55	>0.05
体重（千克）	59.93	61.71	60.72	59.36	>0.05
BMI（千克/平方米）	21.10	21.56	21.38	21.04	>0.05

表5-3　研究5各实验组的参与者在各变量上的分布

变量	变量值	卡路里 & 健康食品	等价体力活动 & 健康食品	卡路里 & 垃圾食品	等价体力活动 & 垃圾食品	P 值
是否经常锻炼	偶尔	14%	17%	16%	11%	>0.05
	有时	41%	19%	40%	36%	
	经常	45%	64%	44%	52%	
是否在控制每天摄入的食品能量	没有	43%	29%	47%	43%	>0.05
	有	57%	71%	53%	57%	
是否在控制体重	没有	36%	26%	38%	34%	>0.05
	有	64%	74%	62%	66%	
性别	男	41%	50%	40%	32%	>0.05
	女	60%	50%	60%	68%	

(2) 研究假设的检验

根据研究假设H4，我们推断，对于健康食品，同用卡路里表示食品能量相比，当用等价体力活动表示食品能量时，消费者预计消费食品的数量没有显著差异；对于垃圾食品，同用卡路里表示食品能量相比，当用等价体力活动表示食品能量时，消费者预计自己将消费更少的食品，即能量更低的食品。因此，我们分别对健康食品和垃圾食品两个决策情境中的参与者，进行一个独立样本 t 检验，比较看到不同食品的参与者，当食品能量信息的表达方式不同时，他们的食品消费决策是否有显著差异。

对于健康食品（葡萄）决策情境的参与者，独立样本 t 检验的结果显示，卡路里表示的能量信息组的参与者平均估计自己会吃掉一串葡萄的74.5%（$M_{\text{卡路里表示的能量信息}}=74.5\%$），而等价体力活动表示的能量信息组的参与者平均估计自己会吃掉一串葡萄的71.2%（$M_{\text{等价体力活动表示的能量信息}}=71.2\%$），看到不同能量信息的参与者估计自己消费葡萄的百分比差异是不显著的 [$t(87)=0.74$，$P=0.47$]，这一结果与假设 H4a 的预测一致。而对于垃圾食品（薯片）决策情境的参与者，独立样本 t 检验的结果显示，卡路里表示的能量信息组的参与者平均估计自己会吃掉一包薯片的 72.5%（$M_{卡路里表示的能量信息}=72.5\%$），而等价体力活动表示的能量信息组的参与者平均估计自己会吃掉一包薯片的 54.2%（$M_{等价体力活动表示的能量信息}=54.2\%$），看到不同能量信息的参与者估计自己消费薯片的百分比之间的差异是显著的 [$t(82)=3.09$，$P<0.01$]，这一结果与假设 H4b 的预测一致。上述结果初步验证了假设 H4。

接着，我们考查了因变量与控制变量之间的关系。对于当时的饥饿程度、口渴程度、限制性进食倾向等数值型变量，我们分别计算了因变量与所考察的每一个控制变量之间的 Pearson 相关系数。表 5 - 4 展示了相关分析的结果。分析结果显示，在研究 5 中，因变量与参与者当时的口渴程度、限制性进食倾向的相关关系显著，与卡路里知识、基本数学素养等其他控制变量的相关关系不显著。具体而言，因变量与参与者当时的口渴程度的相关系数为 0.16，$P=0.03$，即人们参与研究时感到越渴，他们预计自己消耗薯片（或葡萄）的量越大。因变量与限制性进食倾向的相关系数为 -0.42，$P<0.01$，即人们的限制性进食倾向越高，他们预计自己消耗薯片（或葡萄）的量越小。

表 5 - 4　预估食品消耗百分比与控制变量之间的关系

变量	相关系数	P 值
饥饿程度	0.12	0.12
口渴程度	0.16	0.03
限制性进食倾向	−0.42	<0.01
卡路里知识	−0.09	0.24
基本数学素养	−0.11	0.14
年龄（岁）	−0.11	0.14
身高（厘米）	0.03	0.68
体重（千克）	0.02	0.83
BMI（千克/平方米）	0.00	0.98

为了更进一步检验研究假设 H4，并排除上述控制变量对自变量与因变量关系的影响，我们以参与者预计自己吃掉食品的百分比为因变量，以其所处的两种实验情境为固定因子，以刚才我们发现与因变量相关的口渴程度、限制性进食倾向为协变量进行一个 2（食品能量信息：卡路里表示的能量信息 vs 等

价体力活动表示的能量信息)×2（食品类型：健康食品 vs 垃圾食品）的双因素方差分析（方差分析的结果见图 5-6 和表 5-5）。

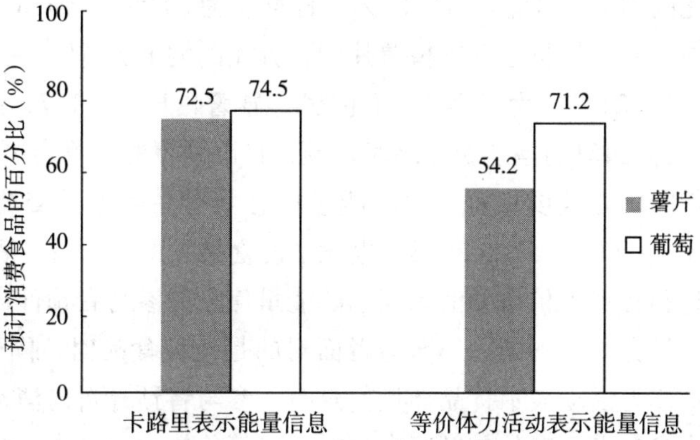

图 5-6　预估食品消耗百分比的双因素方差分析结果

表 5-5　预估食品消耗百分比的双因素方差分析结果

源	Ⅲ型平方和	df	均方	F 值	P 值
校正模型	28 485.22	5	5 697.04	11.6	<0.01
截距	74 597.59	1	74 597.59	151.94	<0.01
口渴程度	530.59	1	530.59	1.08	0.300
限制性进食倾向	15 610.51	1	15 610.51	31.79	<0.01
能量信息	2 948.68	1	2 948.68	6.01	0.015
食品类型	2 921.38	1	2 921.38	5.95	0.016
食品类型×能量信息	2 413.82	1	2 413.82	4.92	0.028
误差	81 994.06	167	490.98		
总计	916 017	173			
校正的总计	110 479.28	172			

注：$R^2=0.258$（调整 $R^2=0.236$）。

①食品能量信息的主效应显著：以卡路里表示能量信息时，参与者估计自己会吃掉食品百分比的均值为 $M_{卡路里表示的能量信息}=73.53\%$，标准差 $SD=22.09\%$，以等价体力活动表示能量信息时，参与者估计自己会吃掉食品百分比的均值为 $M_{等价体力活动表示的能量信息}=62.88\%$，标准差为 $SD=27.36\%$。食品能量信息的主效应显著，$F(1, 167)=6.01$，$P=0.015$，即当以等价体力活动表

示食品能量信息时，消费者预计自己消费的食物会更少。

②食品类型的主效应显著：当食品是健康食品时，参与者估计自己会吃掉葡萄的百分比的均值为 $M_{葡萄}=72.87\%$，标准差为 $SD=21.04\%$，当食品是垃圾食品时，参与者估计自己会吃掉薯片的百分比的均值为 $M_{薯片}=63.33\%$，标准差为 $SD=28.54\%$。食品类型的主效应显著，$F(1，167)=5.95$，$P=0.016$，即当人们面对的是垃圾食品时，预计自己消费的食物会更少。

③与我们的研究假设相符，食品能量信息与食品类型的交互效应是显著的，$F(1，167)=4.92$，$P=0.028$。也就是说食品类型不同时，看到卡路里表示的能量信息和看到等价体力活动表示的能量信息的参与者预计自己消费食品的百分比的差异有明显不同：当参与者面对的是垃圾食品时，同研究假设 H1 一样，以等价体力活动表示食品能量信息时，参与者预计自己消费食品的百分比更低，而当参与者面对的是健康食品时，以等价体力活动表示食品能量信息时，参与者预计自己消费食品的百分比与以卡路里表示食品能量信息时相比没有显著差异。

由于前述研究中，有些研究还发现消费者平时锻炼身体的情况、控制每天摄入能量的情况以及控制体重的情况对 H1 产生调节作用，这里我们也再次考查上述几个变量是否会对 H1 阐述的效应产生调节作用。根据假设 H4 和 H1，只有在食品是垃圾食品时，等价体力活动表示的食品能量信息会减少人们的食品消费量，所以我们只分析食品类型为垃圾食品的那部分数据。我们对消费者平时锻炼身体的情况、控制每天摄入能量的情况以及控制体重的情况这些变量上取不同值的参与者分别使用独立样本 t 检验，来检验看到不同能量信息的参与者因变量的均值是否有显著差异。

对于锻炼身体的情况不同的参与者，主效应的显著情况不同。由于垃圾食品情境下的参与者，偶尔锻炼以及有时锻炼的参与者数量都不到 20 人，所以我们将选择这两个选项的参与者的数据合并起来进行分析。对于偶尔以及有时才锻炼身体的参与者，两个实验组在因变量上的差异不显著 [$M_{卡路里表示的能量信息}=77.35$ vs $M_{等价体力活动表示的能量信息}=63.13$，$t(36)=1.59$，$P=0.12$]，不论使用何种形式表示食品能量信息，人们预计自己消费的食品数量没有显著差异。对于经常锻炼身体的参与者，两个实验组在因变量上的差异显著 [$M_{卡路里表示的能量信息}=66.63$ vs $M_{等价体力活动表示的能量信息}=49.19$，$t(44)=2.19$，$P=0.03$]，当使用等价体力活动显示食品能量信息时，参与者预计自己将消费更少的食品。这一研究发现和之前研究 1 的发现是一致的，即平时锻炼越频繁的参与者，食品能量信息对他们影响的效应越显著。

目前有在控制每天摄入的食品能量的参与者与那些没有控制的参与者相比，主效应的显著情况也不同。对于没有控制每天摄入的食品能量的参与者，两个实验组在因变量上的差异并不显著［$M_{卡路里表示的能量信息}=81.61$ vs $M_{等价体力活动表示的能量信息}=71.33$，$t(28)=1.35$，$P=0.19$］，不论使用何种形式表示食品能量信息，人们预计自己消费的食品数量没有显著差异。而对于目前在控制每天摄入的食品能量的参与者，两个实验组在因变量上的差异是显著的［$M_{卡路里表示的能量信息}=65.67$ vs $M_{等价体力活动表示的能量信息}=47.30$，$t(52)=2.38$，$P=0.02$］，当使用等价体力活动显示食品能量信息时，参与者预计自己将消费更少的食品。这一研究发现和之前研究1的发现也是一致的，与没有在控制每天摄入能量的参与者相比，对于控制每天摄入能量的参与者，食品能量信息对他们影响的效应更大。

最后，目前有在控制体重的参与者与那些没有控制的参与者相比，主效应的显著情况也不同。对于目前没有控制体重的参与者，两个实验组在因变量上的差异并不显著［$M_{卡路里表示的能量信息}=85.27$ vs $M_{等价体力活动表示的能量信息}=73.27$，$t(24)=1.64$，$P=0.12$］，不论使用何种形式表示食品能量信息，人们预计自己消费的食品数量没有显著差异。而对于目前在控制体重的参与者，两个实验组在因变量上的差异是显著的［$M_{卡路里表示的能量信息}=65.41$ vs $M_{等价体力活动表示的能量信息}=47.39$，$t(56)=2.47$，$P=0.02$］，当使用等价体力活动显示食品能量信息时，参与者预计自己将消费更少的食品。这一研究发现和之前研究1的发现也是一致的，与没有在控制体重的参与者相比，目前在控制体重的参与者，食品能量信息对他们影响的效应更大。

研究5验证了假设H4。本研究的结果显示，基于体力活动的食品能量信息对消费者决策的影响受食品类型（健康食品 vs 垃圾食品）的调节。具体而言，对于健康食品，无论使用卡路里表示食品能量信息，还是用等价体力活动表示食品能量信息，消费者预计食品消费量没有显著差异；而对于垃圾食品，同用卡路里表示的食品能量信息相比，当用等价体力活动表示食品能量信息时，消费者预计食品消费量更低。也就是说假设H1的效应只有在食物是垃圾食品的时候才会显现。此外，我们还发现当以等价体力活动表示食品能量信息时，消费者预计自己消费的食物会更少。当食品是垃圾食品时，消费者预计自己消费的食物也会更少。

最后，我们还发现限制性进食倾向与人们的预计食品消费量负相关，而口渴程度与人们的预计食品消费量正相关。此外，平时锻炼身体的情况、控制每天摄入能量的情况以及控制体重的情况都对 H1 这一主效应产生调节作用。具体而言，食品能量信息的表达方式对那些经常锻炼身体的人、控制每日摄入能量的人以及正在控制体重的人的作用更加显著。而对于有时以及偶尔才锻炼身体的、没有控制每日摄入能量以及没有控制体重的人，食品能量信息的表达方式对他们没有产生显著影响。

5.2 决策情境的调节作用

5.2.1 研究假设

除了食品类型，决策情境的不同也会影响等价体力活动表示的食品能量信息对消费者决策的影响强度。在一些决策情境中，消费者根据情感作出决策和判断，而在有些决策情境中，消费者根据分析作出决策与判断（Hsee 和 Rottenstreich，2004；姚卿，陈荣和赵平，2011）。在第 4 章中，我们发现预期负面情绪在基于体力活动的食品能量信息对消费者决策影响过程中起中介作用，与卡路里表示的食品能量信息相比，用等价体力活动表示食品能量信息时，人们预测自己在消费食品后更后悔、更内疚和更羞愧，预计自己消费食品的数量也更低。由于以体力活动表示的食品能量令消费者意识到摄入过多能量所需付出的代价，给他们带来负面的情感体验，所以我们认为，当人们根据情感做决策时，这种形式的食品能量信息给他们带来的影响会更大，而当人们根据计算做决策时，他们不会产生更大的预期负面情感，其预计食品消费量更不会减少。因此，我们提出假设 H5。

H5：基于体力活动的食品能量对消费者决策的影响受决策情境（根据分析做决策 vs 根据情感做决策）的调节。

H5a：当消费者根据情感做决策时，同用卡路里表示食品能量相比，当用等价体力活动表示食品能量时，消费者选择的食品能量没有显著差异。

H5b：当消费者根据分析做决策时，同用卡路里表示食品能量相比，当用等价体力活动表示食品能量时，消费者选择的食品能量更低。

5.2.2 研究方法

(1) 研究设计

研究 6 是为了检验假设 H5，采用的是一个 2（食品能量信息：卡路里表示的信息 vs 等价体力活动表示的信息）×2（决策情境：根据分析做决策 vs 根据情感做决策）的双因素组间设计。我们将参与者随机分为四组。在本研究中，我们比较在不同决策情境中，食品能量信息对人们的预期食品消费量的影响是否不同。与研究2类似，为了掩盖实验的真实目的，我们告诉参与者研究由几个不同的部分构成。首先我们使用3个问题来启动参与者的决策情境。然后我们请参与者回答了一些与本研究不相关的问题，之后参与者对一个食品的包装进行了评价，随后我们请他们想象一个情境，并估计在这个情境中他们愿意食用给定食品的百分之多少，即预期食品消费量。卡路里表示的食品能量信息组的参与者看到的食品能量是传统的以卡路里表示的能量，等价体力活动表示的能量信息组的参与者看到的食品能量信息是以消耗食品所含能量需要步行的时间表示。最终，我们将比较当决策情境不同时，食品能量信息对人们的预期食品消费量的影响是否不同。

（2）实验参与者

我们利用网上问卷调查的方式采集数据，通过见数的样本服务收集样本数据。我们在问卷中设置了注意力检测的问题，未回答对这一问题的问卷被判定为不合格的问卷。而每位按照要求完成问卷填写的参与者得到了2元报酬。研究6的问卷调查一共回收了200份有效问卷。样本的平均年龄为30.09岁（SD=6.78）。62.5%的参与者为女性。样本在性别、年龄这两个人口统计学变量上的分布如表5-6所示。参与者的平均身高为167.3厘米，平均体重为59.5公斤。根据每位参与者在问卷中提供的身高和体重信息，我们计算出其BMI，200位参与者BMI的平均值为21.2。参与者中15%的人BMI超过了23.9，处于超重或肥胖状态，18%的人BMI不足18.5，处于体重过轻的状态，这些参与者BMI水平的分布见图5-7。

表5-6　研究6的样本构成

	类别	人数（人）	占比
性别	男	75	37.5%
	女	125	62.5%
年龄	18～25岁	48	24.0%
	26～35岁	122	61.0%
	36～45岁	22	11.0%
	46岁以上	8	4.0%

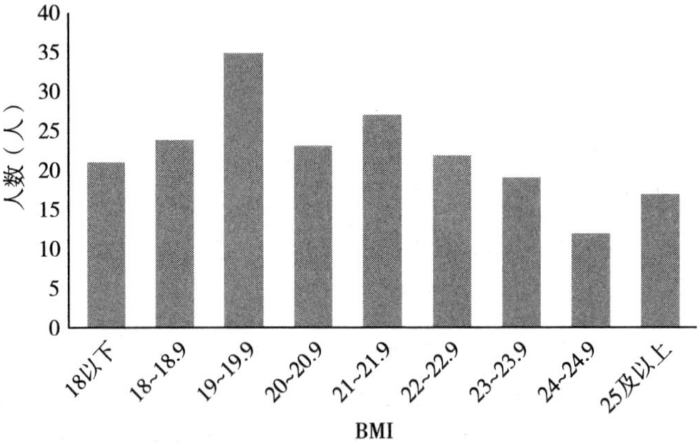

图 5-7　研究 6 参与者在 BMI 上的分布

(3) 实验刺激物的选择

在研究 6 中，我们依旧使用某品牌的薯片作为实验刺激物，不过为了提高研究的外部有效性，我们使用了和前面研究不同口味的薯片。薯片这种食物非常容易破坏人们在节食过程中付出的努力，是不健康的。

对于食物的能量，这种口味的薯片产品包装上提供了营养成分表，成分表显示了该产品单位重量包含的能量，即每 100 克所含能量，我们据此以及产品重量计算出每包产品所含总能量。卡路里表示的能量信息组的参与者看到的食品能量信息都以其所含大卡数量表示。等价体力活动表示的能量信息组的参与者看到的食品能量信息是用消耗掉该产品提供的能量需要步行的时间（分钟）来表示。我们使用和研究 1 相同的方法确定该食品所含能量需要花费多少时间的步行才能消耗掉。

(4) 实验流程

在研究开始，我们询问了参与者他们现在有多饿和多渴，每位参与者在两道 7 点量表上打分（1＝“一点也不”，7＝“非常”）。首先我们使用 3 个问题来启动参与者的决策情境（Hsee 和 Rottenstreich，2004）。根据分析做决策的情境下，参与者回答了 3 个问题，这些问题需要参与者进行有意识的计算。这些问题包括“如果一个物体以每分钟 5 米的速度移动，那么 360 秒后，这个物体会移动多少?”等。根据情感做决策的情境下，参与者回答了 3 个问题，这些问题需要参与者认真审视并报告自己的情感。这些问题包括“当你听到‘婴儿’这个词时，你有什么感觉？请用一个词来形容你的主要感受”以及“当你听到‘大熊猫’这个词时，你有什么感觉？请用一个词来形容你的主要感受。”等。随后，我们告诉参与者他们将看到一种食物，我们会针对这个产品询问一些问题。这些问题主要包括产品看上去味道如何，产品的图片或者包装看上去如何，这些问题都是为了隐藏本研究的目的设置的。接着，我们请参与者想象一个情境，如果在一个下午他们打算看电影消磨时光，旁边有一袋刚才看到的薯片，请他们估计自己会吃掉这包薯片的百分之多少。不同实验情境的参与者看到的产品能量信息不同，卡路里表示的能量信息组的参与者看到的能量信息是以大卡表示的，而等价体力活动表示的能量信息组的参与者看到的能量信息是消耗此产品所含能量需要步行的时间（图 5－8 和图 5－9）。之后，和研究 1、研究 2 相同，我们请参与者提供了性别、年龄等基本的人口统计学信息，以及限制饮食的情况、理解能量信息的能力、基本数学素养、平时的运动习惯等。最后我们还询问了参与者的身高和体重，以计算他们的 BMI。完整的调查问卷见附录一中的问卷 6。

图 5－8　研究 6 中使用的刺激物
（卡路里表示的能量信息组）

图 5－9　研究 6 中使用的刺激物
（等价体力活动表示的能量信息组）

5.2.3　结果与讨论

（1）数据的预处理

同前述研究相似，我们首先计算了荷兰饮食行为问卷限制性进食子量表的信度指标 *Cronbach's alpha* 系数，可靠性分析的结果显示该量表的 *Cronbach's alpha* 系数为 0.90，这表明该量表具有较高的信度。所以我们将该量表的 10 个测量问项求平均值，得到了每位参与者在限制性进食这一变量上的得分。

对于卡路里知识和基本数学素养得分的计算，我们采用了和前面的研究相同的方法。首先判断参与者在每一道测量题目上的答案是否正确，如果其回答正确，那么该参与者在该题目上的得分记为 1 分，如果回答错误，则其在该题目上的得分记为 0 分。然后我们计算每位参与者在卡路里知识的 3 个测量题目中答对的个数以及在基本数学素养的 3 个测量题目中答对的个数，作为他们在这两个变量上的得分，即参与者在卡路里知识和基本数学素养这两个变量上的得分分别是他们在这两个变量的测量问项中，回答正确的个数。

表 5-7 和表 5-8 展示了不同实验组的参与者在人口统计学变量以及控制变量上的均值（数值型变量）或分布（类别型变量）。对于数值型变量，单因素方差分析的结果显示，四个实验组的参与者在饥饿程度、口渴程度、限制性进食倾向、卡路里知识、基本数学素养、年龄、身高、体重以及 BMI 上的差异都是不显著的。对于类别型变量，交叉列联表的卡方检验显示，四个实验组的参与者在性别、平日里锻炼的频率上的分布没有显著差异，每个实验组的参与者控制每天摄入的食品能量、控制体重的参与者的比例也没有显著差异。

表 5-7 研究 6 各实验组的参与者在各变量上的均值

变量	卡路里 & 分析	等价体力活动 & 分析	卡路里 & 情感	等价体力活动 & 情感	*P* 值
饥饿程度	4.50	5.10	4.92	5.00	>0.05
口渴程度	4.30	4.38	4.68	4.66	>0.05
限制性进食倾向	2.95	3.01	3.28	3.10	>0.05
卡路里知识	6.42	6.50	6.44	6.92	>0.05
基本数学素养	2.46	2.24	2.34	2.52	>0.05
年龄（岁）	30.02	30.42	29.48	30.42	>0.05
身高（厘米）	168.54	165.84	166.72	168.14	>0.05
体重（千克）	62.48	58.67	58.31	61.13	>0.05
BMI（千克/平方米）	21.81	21.22	20.90	21.53	>0.05

表 5-8 研究 6 各实验组的参与者在各变量上的分布

变量	变量值	卡路里 & 分析	等价体力活动 & 分析	卡路里 & 情感	等价体力活动 & 情感	*P* 值
是否经常锻炼	偶尔	14%	12%	22%	22%	>0.05
	有时	54%	52%	44%	44%	
	经常	32%	36%	34%	34%	

（续）

变量	变量值	卡路里 & 分析	等价体力活动 & 分析	卡路里 & 情感	等价体力活动 & 情感	P 值
是否在控制每天摄入的食品能量	没有	46%	48%	42%	38%	>0.05
	有	54%	52%	58%	62%	
是否在控制体重	没有	40%	40%	32%	30%	>0.05
	有	60%	60%	68%	70%	
性别	男	40%	32%	30%	48%	>0.05
	女	60%	68%	70%	52%	

（2）研究假设的检验

根据研究假设 H5，我们推断，当人们根据分析做决策时，同用卡路里表示食品能量相比，当用等价体力活动表示食品能量时，消费者预计消费食品的数量没有显著差异；而当人们根据情感做决策时，同用卡路里表示食品能量相比，当用等价体力活动表示食品能量时，消费者预计自己将消费更少的食品，即能量更低的食品。因此，我们分别对根据分析做决策和根据情感做决策两个决策情境中的参与者，进行一个独立样本 t 检验，比较对于不同决策情境的参与者，当食品能量信息的表达方式不同时，他们的食品消费决策有无显著差异。

对于根据分析做决策的参与者，独立样本 t 检验的结果显示，卡路里表示的能量信息组的参与者平均估计自己会吃掉一袋薯片的 75.4%（$M_{卡路里表示的能量信息}=75.4\%$），而等价体力活动表示的能量信息组的参与者平均估计自己会吃掉一袋薯片的 71.8%（$M_{等价体力活动表示的能量信息}=71.8\%$），不同能量信息的参与者估计自己消费薯片的百分比差异是不显著的［$t(98)=0.68$，$P=0.50$］，这一结果与假设 H5a 的预测一致。而对于根据情感做决策的参与者，独立样本 t 检验的结果显示，卡路里表示的能量信息组的参与者平均估计自己会吃掉一包薯片的 66.5%（$M_{卡路里表示的能量信息}=66.5\%$），而等价体力活动表示的能量信息组的参与者平均估计自己会吃掉一包薯片的 54.2%（$M_{等价体力活动表示的能量信息}=54.2\%$），看到不同能量信息的参与者估计自己消费薯片的百分比之间的差异是显著的［$t(98)=1.98$，$P=0.05$］，这一结果与假设 H5b 的预测一致。上述结果初步验证了假设 H5。

接着，我们考查了因变量与控制变量之间的关系。对于当时的饥饿程度、口渴程度、限制性进食倾向等数值型变量，我们分别计算了因变量与所考察的每一个控制变量之间的 Pearson 相关系数。表 5-9 展示了相关分析的结果。分析结果显示，在研究 6 中，因变量仅与参与者的限制性进食倾向的相关关系显著，与参与者的 BMI 的相关系数边际显著，与卡路里知识、基本数学素养等其他控制变量的相关关系不显著。具体而言，因变量与限制性进食倾向的相关系数为−0.37，$P<0.01$，即人们的限制性进食倾向越高，他们预计自己消耗薯片量越小。因变量与参与者 BMI 的相关系数为 0.13，$P=0.06$，即人们的 BMI 越高，他们预计自己消耗薯片量越大。

表 5-9　预估食品消耗百分比与控制变量之间的关系

变量	相关系数	P 值
饥饿程度	0.08	0.27
口渴程度	−0.01	0.84
限制性进食倾向	−0.37	<0.01
卡路里知识	0.02	0.77
基本数学素养	0.06	0.36
年龄（岁）	−0.03	0.65
身高（厘米）	−0.03	0.64
体重（千克）	0.10	0.17
BMI（千克/平方米）	0.13	0.06

为了更进一步检验研究假设 H5，并排除上述控制变量对自变量与因变量关系的影响，我们以参与者预计自己吃掉薯片的百分比为因变量，以其所处的两种实验情境为固定因子，以刚才我们发现与因变量相关的限制性进食倾向、BMI 为协变量进行一个 2（食品能量信息：卡路里表示的信息 vs 等价体力活动表示的信息）×2（决策情境：根据分析做决策 vs 根据情感做决策）的双因素方差分析（方差分析的结果见图 5-10 和表 5-10）。方差分析的结果显示：

①食品能量信息的主效应显著：以卡路里表示能量信息时，参与者预计自己会吃掉食品百分比的均值为 $M_{卡路里表示的能量信息}=70.95\%$，标准差 $SD=26.84\%$，以等价体力活动表示能量信息时，参与者估计自己会吃掉食品百分比的均值为 $M_{等价体力活动表示的能量信息}=63.01\%$，标准差为 $SD=32.25\%$。食品能量信息的主效应显著，$F(1, 194)=5.33$，$P=0.022$，即当以等价体力活动表示食品能量信息时，消费者预计自己消费的食物会更少。

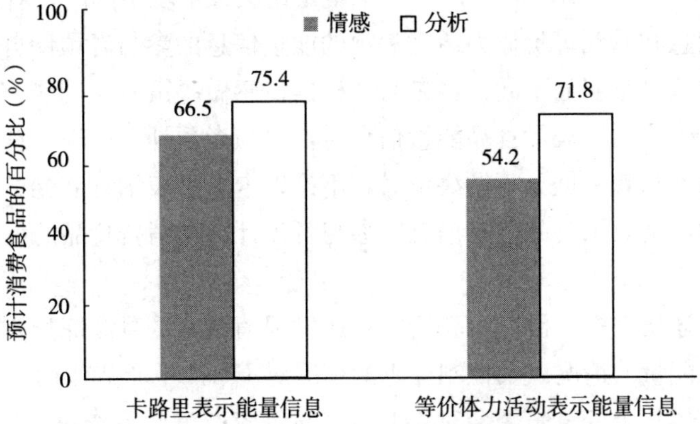

图 5－10　预估食品消耗百分比的双因素方差分析结果

表 5－10　预估食品消耗百分比的双因素方差分析结果

源	Ⅲ型平方和	*df*	均方	*F* 值	*P* 值
校正模型	37 702.12	5	7 540.42	10.47	0.000
截距	25 208.75	1	25 208.75	34.99	0.000
限制性进食倾向	21 775.15	1	21 775.15	30.22	0.000
BMI	2 510.77	1	2 510.77	3.48	0.063
能量信息	3 842.03	1	3 842.03	5.33	0.022
决策情境	5 106.96	1	5 106.96	7.09	0.008
决策情境×能量信息	2 131.31	1	2 131.31	2.96	0.087
误差	139 769.80	167	720.46		
总计	1 074 736.00	173			
校正的总计	177 471.92	172			

注：$R^2=0.212$（调整 $R^2=0.192$）。

②决策情境的主效应显著：当根据分析做决策时，参与者预计自己会吃掉薯片的百分比的均值为 $M_{根据分析做决策}=73.59\%$，标准差为 $SD=26.71\%$，当根据情感做决策时，参与者估计自己会吃掉薯片的百分比的均值为 $M_{根据情感做决策}=60.37\%$，标准差为 $SD=31.48\%$。决策情境的主效应显著，$F(1，194)=7.09$，$P=0.008$，即当人们以情感做决策时，消费者预计自己消费的食物会更少。

③与我们的研究假设相符，能量信息与决策情境的交互效应是边际显著

的，$F(1, 194)=2.96$，$P=0.087$。也就是说决策情境不同时，看到卡路里表示的能量信息和看到等价体力活动表示的能量信息的参与者预计自己消费食品的百分比的差异有明显不同：当参与者根据情感做决策时，同研究假设 H1 一样，以等价体力活动表示食品能量信息时，参与者预计自己消费食品的百分比更低，而当参与者根据分析做决策时，不论以卡路里表示食品能量信息，还是以等价体力活动表示食品能量信息，参与者预计自己消费食品的百分比没有显著差异。

由于前述研究中，研究 1 和研究 5 还发现消费者平时锻炼身体的情况、控制每天摄入能量的情况以及控制体重的情况对 H1 产生调节作用，这里我们也再次考查上述几个变量是否会对 H1 阐述的效应产生调节作用。根据假设 H5 和 H1，当人们根据分析做决策时，食品能量信息对人们的食品消费决策的影响不显著，所以我们只分析根据情感做决策的那部分参与者的数据。我们对消费者平时锻炼身体的情况、控制每天摄入能量的情况以及控制体重的情况这些变量上取不同值的参与者分别使用独立样本 t 检验，来检验看到不同能量信息的参与者因变量的均值是否有显著差异。

不论是否经常锻炼身体，不同食品能量信息对参与者的影响没有显著差异。此外，不论目前是否有在控制每天摄入的食品能量，不同食品能量信息对参与者的影响也没有显著差异。最后，目前有在控制体重的参与者与那些没有控制体重的参与者相比，主效应的显著情况不同。对于目前没有控制体重的参与者，两个实验组在因变量上的差异并不显著［$M_{卡路里表示的能量信息}=71.19$ vs $M_{等价体力活动表示的能量信息}=65.87$，$t(29)=0.50$，$P=0.62$］，不论使用何种形式表示食品能量信息，人们预计自己消费的食品数量没有显著差异。而对于目前在控制体重的参与者，两个实验组在因变量上的差异是边际显著的［$M_{卡路里表示的能量信息}=64.29$ vs $M_{等价体力活动表示的能量信息}=49.26$，$t(67)=2.00$，$P=0.05$］，当使用等价体力活动显示食品能量信息时，参与者预计自己将消费更少的食品。这一研究发现和之前研究 1 的发现也是一致的，与没有在控制体重的参与者相比，目前在控制体重的参与者，食品能量信息对他们的影响更大。

研究 6 验证了假设 H5。本研究的结果显示，基于体力活动的食品能量信息对消费者决策的影响受决策情境（根据分析做决策 vs 根据情感做决策）的调节。具体而言，当人们根据分析做决策时，无论使用卡路里表示食品能量信息，还是用等价体力活动表示食品能量信息，消费者预计食品消费量没有显著差异；而当人们根据情感做决策时，同用卡路里表示得食品能量信息相比，当用等价体力活动表示食品能量信息时，消费者预计食品消费量更低。也就是说假设 H1 的效应只有在人们根据情感做决策的时候才会显现。此外，我们还发现当以等价体力活动表示食品能量信息时，消费者预计自己消费的食物会更少。当人们以情感做决策时，消费者预计自己消费的食物也会更少。

最后，我们还发现限制性进食倾向与人们的预计食品消费量负相关，而人们的 BMI 与其预计食品消费量正相关。此外，目前是否在控制体重对 H1 这一主效应产生调节作用。具体而言，食品能量信息的表达方式对那些正在控制体重的人的作用更加显著。而对于目前没有控制体重的人，食品能量信息的表达方式对他们没有产生显著影响。

5.3　本章小结

本章主要对假设 H4 和假设 H5 进行了检验，探讨食品能量信息对消费者食品决策影响的调节变量，也就是 H1 中发现的效应在什么情境下是成立的。我们进行了两个双因素组间设计的实验研究。

研究 5 检验了假设 H4，其结果显示，基于体力活动的食品能量信息对消费者决策的影响受食品类型（健康食品 vs 垃圾食品）的调节。具体而言，对于健康食品，无论使用卡路里表示食品能量信息，还是用等价体力活动表示食品能量信息，消费者预计食品消费量没有显著差异；而对于垃圾食品，同用卡路里表示的食品能量信息相比，当用等价体力活动表示食品能量信息时，消费者预计食品消费量更低。

研究 6 检验了假设 H5，其结果显示，基于体力活动的食品能量信息对消费者决策的影响受决策情境（根据分析做决策 vs 根据情感做决策）的调节。具体而言，当人们根据分析做决策时，无论使用卡路里表示食品能量信息，还是用等价体力活动表示食品能量信息，消费者预计食品消费量没有显著差异；而当人们根据情感做决策时，同用卡路里表示的食品能量信息相比，当用等价体力活动表示食品能量信息时，消费者预计食品消费量更低。

本章的两个实验研究的结果显示，假设 H1 的效应只有在食物是垃圾食品的时候或者只有在人们根据情感做决策的时候才会显现。此外，对于参与者平时锻炼身体的情况、控制每天摄入能量的情况以及控制体重的情况是否对 H1 这一主效应产生调节作用，研究 5 和研究 6 并没有得出一致的结论。不过，这些调节作用并不是本研究关注的重点，此外，由于上述 3 个变量每个取值上的参与者的个数相差比较大，所以在数据分析部分独立样本 t 检验的显著性可能仅仅是由于样本量差异比较大造成的。比如，同没有控制每天摄入能量、没有控制体重的参与者相比，在控制每天摄入能量的以及在控制体重的参与者数量更多。

第6章　研究结论与展望

近年来，我国居民健康状况和营养水平得到了不断改善，食物消费需求从追求温饱向追求营养健康转变。然而居民能量摄入过剩的问题却日益凸显，这导致超重与肥胖率逐年上升，与此相关的疾病迅猛增长。等价体力活动表示的食品能量更容易被消费者理解，但与卡路里表示的能量相比，其是否能更有效地引导消费者决策从而控制能量摄入过剩，现有研究尚未达成共识。本书运用了消费者行为学实验等方法，检验基于体力活动的食品能量信息对消费者决策影响的主效应、调节机制以及中介机制。具体而言，本书剖析了以等价体力活动表示食品能量时，使用何种类型的体力活动对消费者食品决策的影响更大；探索并揭示以等价体力活动表示的食品能量信息对消费者食品决策影响的内在机制，对这种作用的中介机制进行检验；挖掘并检验以等价体力活动表示的食品能量信息对消费者食品决策影响的调节变量，即在何种决策情境下、对哪类食品，基于体力活动的能量信息对消费者食品决策会有更大的影响。本章将对本书得出主要结论进行回顾，对该研究的启示进行讨论，并对未来的研究方向进行展望。

6.1　研究结论与管理启示

6.1.1　研究结论

本书探讨了基于体力活动的食品能量信息对消费者食品决策产生的影响，为何会产生这种影响，以及这种影响在何种情境下会发生，何种情况下会减弱，在每一章中我们都对研究结果进行了解释和讨论。本章将全书的研究结果总结如下：

(1) 基于体力活动的食品能量信息对消费者决策影响的主效应研究

这部分内容进行了两个研究，使用不同的决策情境、实验刺激物以及因变量的测量方法来检验基于体力活动的食品能量信息对消费者决策影响的主效应。研究结果显示，与看到卡路里表示的能量信息相比，当人们看到等价体力活动表示的能量信息时，他们更会选择低能量的食品，并且会预计自己将消费更少的食品，因此他们消费的食品能量更低。

(2) 基于体力活动的食品能量信息对消费者决策影响的中介变量探索

本部分首先探讨了以等价体力活动表示食品能量时，使用何种类型的体力活动对消费者食品决策的影响更大。研究结果显示，与使用步行表示食品能量相比，使用跑步这种更剧烈的活动表示食品能量信息时，人们预计自己消费食品的数量更少。我们推测这是因为当人们想到如果食用这种食品需要进行剧烈的体力活动才能把食品提供的能量消耗掉，就会产生比较强烈的负面情绪，而如果用步行这种不太剧烈的体力活动表示食品能量的话，人们产生的负面情绪就没有那么强烈。

更进一步地，本书发现预期负面情绪在基于体力活动的食品能量信息对消费者决策影响过程中起中介作用。具体而言，与卡路里表示的食品能量信息相比，用等价体力活动表示食品能量信息时，人们预测自己在消费食品后会更后悔、更内疚和更羞愧，食品消费意愿也更低。等价体力活动表示的食品能量信息通过预期负面情绪对人们的消费决策产生影响。

(3) 基于体力活动的食品能量信息对消费者决策影响的调节变量识别

识别基于体力活动的食品能量信息对消费者决策影响的调节变量是为了更好地理解消费者的行为，为企业制定更有效的营销计划以满足顾客的需要。本书发现基于体力活动的食品能量信息对消费者决策的影响受到食品类型和决策情境的调节。具体的研究结论如下：

首先，基于体力活动的食品能量信息对消费者决策的影响受食品类型（健康食品 vs 垃圾食品）的调节。具体而言，对于健康食品，无论使用卡路里表示食品能量信息，还是用等价体力活动表示食品能量信息，消费者预计食品消费量没有显著差异；而对于垃圾食品，同用卡路里表示的食品能量信息相比，当用等价体力活动表示食品能量信息时，消费者预计食品消费量更低。

其次，基于体力活动的食品能量信息对消费者决策的影响受决策情境（根据分析做决策 vs 根据情感做决策）的调节。具体而言，当人们根据分析做决策时，无论使用卡路里表示食品能量信息，还是用等价体力活动表示食品能量信息，消费者预计食品消费量没有显著差异；而当人们根据情感做决策时，同用卡路里表示的食品能量信息相比，当用等价体力活动表示食品能量信息时，消费者预计食品消费量更低。

6.1.2　研究创新点

本书分析了以等价体力活动表示食品能量时，选择何种类型的体力活动更有利于消费者理解食品能量信息，对消费者决策的影响更大；探索并揭示以等价体力活动表示的食品能量对消费者食品决策影响的内在机制，对预期情绪的中介作用进行检验；识别了等价体力活动表示的食品能量影响消费者决策的适用情境，检验了食品类型、决策情境等变量的调节作用。本书的创新点主要体现在：

在研究视角上，与大多数学者基于营养学、食品科学、公共健康管理的研究视角相区别，本书从消费者行为学视角出发，将心理学、消费者行为学中的有益品/有害品、预期情绪等概念、理论引入能量信息对人们食品决策影响的研究中，系统地探究上述影响的适用情境、人群以及发生作用的路径，这有利于拓展和深化对食品能量信息影响消费者决策的认识。

在研究内容上，本书将现有零散的关于等价体力活动表示的食品能量信息对消费者决策影响的研究进行整理、归类和拓展，讨论用何种类型的体力活动表示食品能量更能提高这种能量信息的有效性。此外，本书还进一步挖掘了等价体力活动表示的食品能量信息是如何对消费者决策产生影响的，揭示了这一过程背后的作用机制。这些内容在之前关于此主题的领域鲜有涉及。最后，本书还系统考察了不同形式的能量信息影响消费者决策的调节变量，厘清这种影响产生作用的边界条件，从而尝试对现有研究结论存在矛盾的原因进行解释。

在研究方法上，以往研究大多使用单因素组间实验设计，除了食品能量的表达方式，其他感兴趣的变量多是通过测量得到的。本书基于消费者行为学的视角，采用心理学实验的方法，引入双因素组间设计，对食品类型等变量进行操纵，进而排除其他混淆变量对研究结果产生的影响。

在研究成果上，本书不仅致力于厘清该研究领域现存的一些研究分歧，还试图为有关部门制定食品标签的相关政策措施，为包装食品生产企业、餐饮企业以及健身、减肥 APP 的开发商的产品设计等营销决策提供理论依据和探索性的解决思路。

6.1.3　管理启示

本书以等价体力活动表示的食品能量信息为研究对象，分析以等价体力活动表示食品能量信息时，选择何种类型的体力活动对消费者决策的影响更大；探索并揭示了以等价体力活动表示的食品能量对消费者食品决策影响的内在机理，对预期负面情绪的中介作用进行了检验。识别了等价体力活动表示的食品能量信息影响消费者决策的适用情境，检验了食品类型、决策情境等变量的调节作用。本书中的相关内容不仅丰富了市场营销学领域关于食品能量信息对消费者决策影响的研究，也对政府及企业的管理具有一定的借鉴作用。

良好的居民营养和健康状况既是社会经济发展的基础，也是社会经济发展的重要目标。食品营养信息在引导消费者合理选择食品、促进膳食营养平衡、保护消费者知情权和身体健康方面发挥着重要作用，而能量是营养标签上最重要的信息之一。政府部门是制定食品标签相关标准、政策的主体。近年来国外的食品能量标签作出了不少改进，不仅提供原始的卡路里能量信息，还增加了辅助信息以帮助消费者理解，而以等价体力活动表示的食品能量就是一种重要的辅助信息。本书的研究结论为相关部门制定相应的食品标签的相关政策措施提供一定的理论依据。

本书的研究发现也为食品制造商指出了一个需要履行的社会责任。对于那些目前正在控制饮食的消费者而言，他们非常容易受到与健康相关的信息的影响（Jin、Li、Li 和 Zheng，2020），并且容易被食品相关的标签体系误导（Wansink 和 Chandon，2006；Irmak 等，2011）。美味可口的食物、一次性的过量进食会导致消费者肥胖等问题。尽管消费者有其自我调节或约束意识，但他们也需要来自多方面的支持。认真履行企业社会责任的食品制造商不会只追求自己的经济利益而忽略了消费者的福祉，他们会努力创造和消费者双赢的局面，以便更好地满足消费者的需求。从长期来看，食品制造商对改进食品能量标签所做的努力会让消费者对品牌和企业产生积极的态度（Wansink 和 Chandon，2006）。

此外，除了有相关法规规定食品包装上需提供能量信息，越来越多的健康管理 APP 也提供查询能量、记录能量摄入等功能。本书的研究结论对健身、减肥 APP 的开发商向消费者提供更清晰、更有利于理解的能量信息有指导作用。目前仅使用卡路里表示食品能量信息的机构可以尝试使用其他类型的食品能量信息，而已经在使用等价体力活动表示食品能量信息的机构可以尝试一些让这类信息更有效的方法，比如帮助消费者利用情感做决策，以提高消费者控制食品能量摄入的有效性。

6.2 研究局限与未来研究展望

尽管本书作者在研究过程中力求做到科学、规范地对研究问题进行清晰、深入的讨论，但由于研究问题的复杂性，以及作者知识水平、研究能力和时间等多方面因素的制约，本书开展的研究还存在诸多不足和局限性，需要在今后的研究工作中进一步的探索与完善。需要改进的地方主要有：

在研究样本的选择方面，本书主要以网络问卷调查平台样本、大学生样本作为研究对象。尽管本书尽量试图选取多样化的样本以增加样本在更大范围的代表性，但研究结论在一定程度上还是具有局限性。例如，从年龄结构上看，本书各研究中的参与者超过半数处在26至35岁。从BMI分布上看，各研究中参与者超重或肥胖（即BMI大于等于24）的比例都在20%以下，而《中国居民营养与慢性病状况报告（2020年）》显示，2018年我国18岁及以上居民肥胖率（BMI大于等于28）已达到16.4%。也就是说，仅从年龄和BMI的数据看，相比于我国居民总体而言，本书中的参与者年龄更小、肥胖率更低。未来我们将考虑在更广泛的范围内收集样本，即在更多年龄层、不同体格状况、不同教育水平、不同地域范围的人群中收集数据，在更大更具有代表性的样本中检验本书得出的结论，扩展本书研究结论的外部有效性。

未来研究可以探讨本书的研究结论在不同消费领域和情境下的普遍适用性。例如，本书研究的因变量重点关注同卡路里表示的食品能量相比，基于体力活动的食品能量信息对参与者在消费时点的决策的影响，也就是说，本书的实验设计中，食品消费的决策情境主要是针对当下消费的。然而现实生活当中，消费者很多时候要为将来的消费做决定。比如双十一购物狂欢节等商品打折力度非常大的时候，消费者可能会趁产品价格便宜而囤积未来一年半载要使用的产品，所以今后的研究中可以进一步探讨，如果消费者的决策情境是针对将来的消费时，本书的研究结论是否会有所不同。

其次，尽管本书在研究中也使用了比较接近真实的决策情境，然而未来的研究中，还需要进一步探讨基于等价体力活动的食品能量信息在消费者购买食品时（即在真实的零售环境中）是否依然能够给他们的决策带来好处，即帮助他们选择能量更低的食品。

此外，本书各研究中的实验刺激物大多使用的是带包装的零食，尽管当下消费者比较经常购买零食，而零食的消费也是人们摄入过多能量的一个重要原因，所以本书的结论为基于体力活动的食品能量信息能降低人们食品能量摄入提供了比较有力的支持。然而现实生活中，人们还有很多其他的食品消费情境，比如在饭店就餐等。而且即便是零食，有些食物本身就是为消费者提供能量的，例如能量棒或者运动饮料等，在这种情况下，基于等价体力活动的食品能量信息对消费者的作用可能会减弱或者出现相反的影响，即与卡路里表示的食品能量信息相比，当使用等价体力活动表示食品能量信息时，人们选择的食品能量没有显著差异，或者人们可能会选择能量更高的食品。这些猜想都有待未来的研究进一步去检验。

本书的各个实证研究考察的因变量主要是消费者的食品选择或者预计消费的食品数量，即本书的研究只检验了基于等价体力活动的食品能量信息对消费者的食品消费决策产生了怎样的影响，然而这种形式的能量信息可能还会给消费者的其他决策带来影响。例如，基于等价体力活动的线索可能不仅会阻止人们消费更多能量的食物，还会使他们在进食之后通过更多体力活动来消耗之前摄入的能量。未来的研究可以检验这种形式的食品能量信息对消费者其他决策的影响。

本书各研究中，研究者通过在问卷中直接询问的方式获得了参与者的身高和体重信息，数据分析过程中，研究者根据参与者自己汇报的体重和身高计算得到他们的 BMI 数据。然而身高与体重数据的准确性可能存在问题，因为人们汇报的体重通常要比他们的真实体重低，特别是那些超重或者肥胖的人（Gorber、Tremblay、Moher，2007）。尽管研究显示，这种将体重向偏轻的方向汇报的倾向并不是很大，且数据质量并不比面对面的、真实测量体重时相差很多（Lassale 等，2013；Pursey、Burrows、Stanwell 和 Collins，2004），但在未来的研究中，我们还是可以尝试使用实际测量的身高、体重数据来进行数据分析，以获得更准确的结果。

参 考 文 献

《中国成人超重和肥胖预防控制指南》修订委员会，2021. 中国成人超重和肥胖预防控制指南（2021）[M]. 北京：人民卫生出版社.

陈树俊，2008. 葡萄的营养与保健 [J]. 农产品加工（10）：18-19.

陈卫平，牛明婵，2009. 消费者对食品营养标签的使用行为及其影响因素 [J]. 中国人民大学学报，4（4）：105-113.

董春艳，郑毓煌，2010. 消费者自我控制：文献评述与研究展望 [J]. 经济管理，32（11）：170-177.

晚春东，秦志兵，丁志刚，2017. 消费替代，政府监管与食品质量安全风险分析 [J]. 中国软科学，1：59-69.

王燕，魏蔚，董发昕，等，2009. 长柄扁桃仁的营养成分分析 [J]. 西北大学学报：自然科学版，39（1）：59-62.

吴喜之，赵博娟，2009. 非参数统计 [M]. 北京：中国统计出版社.

谢康，赖金天，肖静华，2015. 食品安全社会共治下供应链质量协同特征与制度需求 [J]. 管理评论，27（2）：158-167.

姚卿，陈荣，赵平，2011. 自我构念对想象广告策略的影响与分析 [J]. 心理学报，43（6）：674-683.

中国营养学会，2022. 中国居民膳食指南（2022）[M]. 北京：人民卫生出版社.

中华人民共和国国家卫生健康委疾病预防控制局，2021. 中国居民营养与慢性病状况报告（2020年）[M]. 北京：人民卫生出版社.

曾文革，林婧，2015. 论食品安全监管国际软法在我国的实施 [J]. 中国软科学（5）：12-20.

Adam T C., Epel E S, 2007. Stress, eating and the reward system [J]. *Physiology & Behavior*, 91 (4): 449-458.

Andrade E B, 2005. Behavioral consequences of affect: Combining evaluative and regulatory mechanisms [J]. *Journal of Consumer Research*, 32 (3): 355-362.

Auvray M, Spence C, 2008. The multisensory perception of flavor [J]. *Consciousness and Cognition*, 17 (3): 1016-1031.

Aydinoglu N İ Z, Krishna A, 2011. Guiltless gluttony: The asymmetric effect of size labels on size perceptions and consumption [J]. *Journal of Consumer Research*, 37 (6): 1095 - 1112.

Baumeister R F, Gailliot M, DeWall C N, et al., 2006. Self - regulation and personality: How interventions increase regulatory success, and how depletion moderates the effects of traits on behavior [J]. *Journal of Personality*, 74 (6): 1773 - 1802.

Baumeister R F, 2002. Yielding to temptation: Self - control failure, impulsive purchasing, and consumer behavior [J]. *Journal of Consumer Research*, 28 (4): 670 - 676.

Blair S, Dunn A, Marcus B, Carpenter R, & Jaret P, 2010. Active living every day [M]. Champaign, IL: Human Kinetics.

Blumenthal K, Volpp K G, 2010. Enhancing the effectiveness of food labeling in restaurants [J]. *JAMA*, 303 (6): 553 - 554.

Brunner T A, 2012. Matching effects on eating. Individual differences do make a difference! [J]. *Appetite*, 58 (2): 429 - 431.

Bublitz M G, Peracchio L A, Block L G, 2010. Why did I eat that? Perspectives on food decision making and dietary restraint [J]. *Journal of Consumer Psychology*, 20 (3): 239 - 258.

Burson K A, Larrick R P, Lynch J G, 2009. Six of one, half dozen of the other expanding and contracting numerical dimensions produces preference reversals [J]. *Psychological Science*, 20 (9): 1074 - 1078.

Caldwell C, Hibbert S A, 2002. The influence of music tempo and musical preference on restaurant patrons' behavior [J]. *Psychology & Marketing*, 19 (11): 895 - 917.

Cavaliere A, Ricci E C, Banterle A, 2015. Nutrition and health claims: Who is interested? An empirical analysis of consumer preferences in Italy [J]. *Food quality and preference*, 41: 44 - 51.

Chandon P, Wansink B, 2007. The biasing health halos of fast - food restaurant health claims: lower calorie estimates and higher side - dish consumption intentions [J]. *Journal of Consumer Research*, 34 (3): 301 - 314.

Cornil Y, Chandon P, 2013. From fan to fat? Vicarious losing increases unhealthy eating, but self - affirmation is an effective remedy [J]. *Psychological Science*, 24 (10): 1936 - 1946.

Deng X, Srinivasan R, 2013. When do transparent packages increase (or decrease) food consumption? [J]. *Journal of Marketing*, 77 (4): 104 - 117.

Downs J S, Wisdom J, Loewenstein G, 2015. Helping consumers use nutrition information: Effects of format and presentation [J]. *American Journal of Health Economics*, 1 (3): 326 - 344.

Dowray S, Swartz J J, Braxton D, et al., 2013. Potential effect of physical activity based menu labels on the calorie content of selected fast food meals [J]. *Appetite*, 62: 173 - 181.

Drewnowski A, 1995. Energy intake and sensory properties of food [J]. *The American Journal of Clinical Nutrition*, 62 (5): 1081S - 1085S.

Elder R S, Mohr G S, 2016. The crunch effect: Food sound salience as a consumption monitoring cue [J]. *Food Quality and Preference*, 51: 39 - 46.

Ellen P S, Bone P F, 2008. Stained by the label? Stigma and the case of genetically modified foods [J]. *Journal of Public Policy & Marketing*, 27 (1): 69 - 82.

Fagerli R A, Wandel M, 1999. Gender Differences in Opinions and Practices with Regard to a "Healthy Diet" [J]. *Appetite*, 32 (2): 171 - 190.

Ferraro R, Shiv B, Bettman J R, 2005. Let us eat and drink, for tomorrow we shall die: Effects of mortality salience and self - esteem on self - regulation in consumer choice [J]. *Journal of Consumer Research*, 32 (1): 65 - 75.

Feunekes G I J, Gortemaker I A, Willems A A, et al., 2008. Front - of - pack nutrition labelling: testing effectiveness of different nutrition labelling formats front - of - pack in four European countries [J]. *Appetite*, 50 (1): 57 - 70.

Finkelstein S R, Fishbach A, 2010. When healthy food makes you hungry [J]. *Journal of Consumer Research*, 37 (3): 357 - 367.

Fishbach A, Friedman R S, Kruglanski A W, 2003. Leading us not into temptation: Momentary allurements elicit overriding goal activation [J]. *Journal of Personality and Social Psychology*, 84 (2): 296 - 309.

Fitch R C, Harnack L J, Neumark - Sztainer D R, et al., 2009. Providing calorie information on fast - food restaurant menu boards: consumer views [J]. *American Journal of Health Promotion*, 24 (2): 129 - 132.

Garg N, Wansink B, Inman J J. (2007) . The influence of incidental affect on consumers' food intake [J]. *Journal of Marketing*, 71 (1), 194 - 206.

Given L M, 2008. The Sage encyclopedia of qualitative research methods [M]. Sage Publications.

Gorber S C, Tremblay M, Moher D, & Gorber B, 2007. A comparison of direct vs. self - report measures for assessing height, weight and body mass index: a systematic review [J]. *Obesity Reviews*, 8: 307 - 326.

Gould S J, 1988. Consumer attitudes toward health and health care: A differential perspective [J]. *Journal of Consumer Affairs*, 22 (1): 96 - 118.

Graham C, 2008. Happiness and health: lessons—and questions—for public policy [J].

Health Affairs, 27 (1): 72 - 87.

Greeno C G, Wing R R, 1994. Stress - induced eating [J]. *Psychological Bulletin*, 115 (3): 444 - 464.

Herman C P, Polivy J, 1983. A boundary model for the regulation of eating [J]. *Psychiatric Annals*, 13 (12): 918 - 927.

Herman C P, Polivy J, 2005. Normative influences on food intake [J]. *Physiology & Behavior*, 86 (5): 762 - 772.

Hermans R C, Lichtwarck - Aschoff A, Bevelander K E, et al., 2012. Mimicry of food intake: the dynamic interplay between eating companions [J]. *PLoS One*, 7 (2): e31027.

Hetherington M M, Anderson A S, Norton G N, et al., 2006. Situational effects on meal intake: A comparison of eating alone and eating with others [J]. *Physiology & Behavior*, 88 (4 - 5): 498 - 505.

Hryhorczuk C, Sharma S, Fulton S E, 2013. Metabolic disturbances connecting obesity and depression [J]. *Frontiers in Neuroscience*, 7, 177.

Hsee C K, Rottenstreich Y, 2004. Music, Pandas, and Muggers: On the Affective Psychology of Value [J]. *Journal of Experimental Psychology*: General, 133 (1): 23 - 30.

Inzlicht M, Kang S K, 2010. Stereotype threat spillover: how coping with threats to social identity affects aggression, eating, decision making, and attention [J]. *Journal of Personality and Social Psychology*, 99 (3): 467 - 481.

Irmak C, Vallen B, & Robinso S R, 2011. The impact of product name on dieters' and nondieters' food evaluations and consumption [J]. *Journal of Consumer Research*, 38 (2): 390 - 405.

James A, Adams - Huet B, Shah M, 2015. Menu labels displaying the kilocalorie content or the exercise equivalent: effects on energy ordered and consumed in young adults [J]. *American Journal of Health Promotion*, 29 (5): 294 - 302.

Jin H, Yi - Na Li, Li D, et al., 2020. The effects of physical activity calorie equivalent labeling on dieters' food consumption and post - consumption physical activity [J]. *Journal of Consumer Affairs*, 54: 723 - 741.

Jue J J S, Press M J, McDonald D, et al., 2012. The impact of price discounts and calorie messaging on beverage consumption: a multi - site field study [J]. *Preventive Medicine*, 55 (6): 629 - 633.

Kahn B E, Wansink B, 2004. The influence of assortment structure on perceived variety and consumption quantities [J]. *Journal of Consumer Research*, 30 (4), 519 - 533.

Kardes F R, Cronley M L, Kellaris J J, et al., 2004. The role of selective information processing in price - quality inference [J]. *Journal of Consumer Research*, 31 (2): 368 - 374.

Kersh R, 2009. The politics of obesity: a current assessment and look ahead [J]. *Milbank Quarterly*, 87 (1): 295 - 316.

Kiszko K M, Martinez O D, Abrams C, et al., 2014. The influence of calorie labeling on food orders and consumption: a review of the literature [J]. *Journal of Community Health*, 39 (6): 1248 - 1269.

Lassale C, Péneau S, Touvier M, et al., 2013. Validity of Web - Based Self - Reported Weight and Height: Results of the Nutrinet - Santé Study [J]. *Journal of Medical Internet Research*, 15 (8): e152

Logel C, Cohen G L, 2012. The role of the self in physical health: Testing the effect of a values - affirmation intervention on weight loss [J]. *Psychological Science*, 23 (1): 53 - 55.

Lowe M R, Timko C A, 2004. What a difference a diet makes: Towards an understanding of differences between restrained dieters and restrained nondieters [J]. *Eating Behaviors*, 5 (3): 199 - 208.

Ma Y, Ailawadi K L, Grewal D, 2013. Soda versus cereal and sugar versus fat: drivers of healthful food intake and the impact of diabetes diagnosis [J]. *Journal of Marketing*, 77 (3): 101 - 120.

Masic U, Christiansen P, Boyland E J, 2017. The influence of calorie and physical activity labelling on snack and beverage choices [J]. *Appetite*.

McFerran B, Dahl D W, Fitzsimons G J, et al., 2009. I'll have what she's having: Effects of social influence and body type on the food choices of others [J]. *Journal of Consumer Research*, 36 (6): 915 - 929.

Miilunpalo S, Vuori I, Oja P, et al., 1997. Self - rated health status as a health measure: the predictive value of self - reported health status on the use of physician services and on mortality in the working - age population [J]. *Journal of Clinical Epidemiology*, 50 (5): 517 - 528.

Mishra A, Mishra H, 2011. The influence of price discount versus bonus pack on the preference for virtue and vice foods [J]. *Journal of Marketing Research*, 48 (1): 196 - 206.

Moorman C, Matulich E, 1993. A model of consumers' preventive health behaviors: The role of health motivation and health ability [J]. *Journal of Consumer Research*, 20 (2): 208 - 228.

Morley B, Scully M, Martin J, et al., 2013. What types of nutrition menu labelling lead consumers to select less energy - dense fast food? An experimental study [J]. *Appetite*,

67：8 - 15.

Mukhopadhyay A，Sengupta J，Ramanathan S，2008. Recalling past temptations：An information - processing perspective on the dynamics of self - control [J]. *Journal of Consumer Research*，35 (4)：586 - 599.

Pandelaere M，Briers B，Lembregts C，2011. How to make a 29% increase look bigger：The unit effect in option comparisons [J]. *Journal of Consumer Research*，38 (2)：308 - 322.

Papies E K，Barsalou L W，Custers R，2012. Mindful attention prevents mindless impulses [J]. *Social Psychological and Personality Science*，3 (3)：291 - 299.

Poothullil J M，2002. Role of oral sensory signals in determining meal size in lean women [J]. *Nutrition*，18 (6)：479 - 483.

Pursey K，Burrows T L，Stanwell P，& Collins C E，2014. How Accurate is Web - Based Self - Reported Height，Weight，and Body Mass Index in Young Adults? [J]. *Journal of Medical Internet Research*，16 (2)：e4.

Quoidbach J，Mikolajczak M，Gross J J，2015. Positive interventions：An emotion regulation perspective [J]. *Psychological Bulletin*，141 (3)：655.

Robinson E，Tobias T，Shaw L，et al.，2011. Social matching of food intake and the need for social acceptance [J]. *Appetite*，56 (3)：747 - 752.

Rolls B J，Fedoroff I C，Guthrie J F，1991. Gender differences in eating behavior and body weight regulation [J]. *Health Psychology*，10 (2)：133 - 142.

Rozin P，Bauer R，Catanese D，2003. Food and life，pleasure and worry，among American college students：gender differences and regional similarities [J]. *Journal of Personality and Social Psychology*，85 (1)：132 - 141.

Schachter S，Gross L P，1968. Manipulated time and eating behavior [J]. *Journal of Personality and Social Psychology*，10 (2)：98 - 106.

Sengupta J，Zhou R，2007. Understanding impulsive eaters' choice behaviors：The motivational influences of regulatory focus [J]. *Journal of Marketing Research*，44 (2)：297 - 308.

Silvera D H，Kardes F R，Harvey N，et al.，2005. Contextual influences on omission neglect in the fault tree paradigm [J]. *Journal of Consumer Psychology*，15 (2)：117 - 126.

Stroebele N，De Castro J M，2004. Effect of ambience on food intake and food choice [J]. *Nutrition*，20 (9)：821 - 838.

Stroebele N，de Castro J M，2006. Listening to music while eating is related to increases in people's food intake and meal duration [J]. *Appetite*，47 (3)：285 - 289.

Tal A, Wansink B, 2013. Fattening fasting: hungry grocery shoppers buy more calories, not more food [J]. *JAMA Internal Medicine*, 173 (12): 1146 - 1148.

Thøgersen - Ntoumani C, Ng J Y Y, Ntoumanis N, et al., 2016. 'Mum's the word': Predictors and outcomes of weight concerns in pre - adolescent and early adolescent girls [J]. *Body Image*, 16: 107 - 112.

Tice D M, Bratslavsky E, Baumeister R F, 2001. Emotional distress regulation takes precedence over impulse control: If you feel bad, do it! [J]. *Journal of Personality and Social Psychology*, 80 (1): 53 - 67.

Urbszat D, Herman C P, Polivy J, 2002. Eat, drink, and be merry, for tomorrow we diet: effects of anticipated deprivation on food intake in restrained and unrestrained eaters [J]. *Journal of Abnormal Psychology*, 111 (2): 396 - 401.

van Strien T, Konttinen H, Homberg J R, et al., 2016. Emotional eating as a mediator between depression and weight gain [J]. *Appetite*, 100: 216 - 224.

Vohs K D, Heatherton T. F, 2000. Self - regulatory failure: a resource - depletion approach [J]. *Psychological Science*, 11: 249 - 254.

Wadhwa M, Shiv B, Nowlis S M, 2008. A bite to whet the reward appetite: The influence of sampling on reward - seeking behaviors [J]. *Journal of Marketing Research*, 45 (4): 403 - 413.

Wansink B, Chandon P, 2006. Can "low - fat" nutrition labels lead to obesity? [J]. *Journal of Marketing Research*, 43 (4): 605 - 617.

Wansink B, Cheney M M, Chan N, 2003. Exploring comfort food preferences across age and gender [J]. *Physiology & Behavior*, 79 (4): 739 - 747.

Wansink B, Payne C R, Chandon P, 2007. Internal and external cues of meal cessation: The French paradox redux? [J]. *Obesity*, 15 (12): 2920 - 2924.

Wansink B, Tal A, Shimizu M, 2012. First foods most: after 18 - hour fast, people drawn to starches first and vegetables last [J]. *Archives of Internal Medicine*, 172 (12): 961 - 963.

Wansink B, Van Ittersum K, 2012. Fast food restaurant lighting and music can reduce calorie intake and increase satisfaction [J]. *Psychological Reports*, 111 (1): 228 - 232.

Wardle J, Solomons W, 1994. Naughty but nice: A laboratory study of health information and food preferences in a community sample [J]. *Health Psychology*, 13 (2): 180 - 183.

Werle C O, Trendel O, Ardito G, 2013. Unhealthy food is not tastier for everybody: The "healthy= tasty" French intuition [J]. *Food Quality and Preference*, 28 (1): 116 - 121.

Westerterp - Plantenga M S, van Marken Lichtenbelt W D, Cilissen C, et al., 2002. Energy metabolism in women during short exposure to the thermoneutral zone [J]. *Physiology & Behavior*, 75 (1-2): 227-235.

Wilcox K, Stephen A T, 2012. Are close friends the enemy? Online social networks, self-esteem, and self-control [J]. *Journal of Consumer Research*, 40 (1): 90-103.

Winterich K P, Haws K L, 2011. Helpful hopefulness: The effect of future positive emotions on consumption [J]. *Journal of Consumer Research*, 38 (3): 505-524.

Zuraikat F M, Roe L S, Privitera G J, et al., 2016. Increasing the size of portion options affects intake but not portion selection at a meal [J]. *Appetite*, 98: 95-100.

附录一　研究中使用的问卷

问卷 1　食品能量信息对食品选择的影响（研究 1）

感谢您参与我们的问卷调研，完成本问卷需要 5～10 分钟。本问卷采用匿名的形式，您只需回答自己的真实想法、观点。您的回答并无对错之分。我们承诺，本问卷仅用于学术研究，您的信息将会受到严格保密。 衷心感谢您的支持！

Q1. 请问您现在有多饿？

一点也不饿　1　2　3　4　5　6　7　非常饿

Q2. 请问您现在有多口渴？

一点也不渴　1　2　3　4　5　6　7　非常渴

…………QA3～QA12 是卡路里表示的食品信息组参与者回答的题目[①]…………

下面您将看到 10 组食品或饮料。请想象，如果您现在要从它们两个中选择一个的话，您会选哪个。

QA3. 您现在会选择喝以下哪一瓶饮料？

① 研究 1 中，第 3 至第 12 题根据参与者所在的实验条件不同而不同，第 1、2 题以及第 13～36 题所有参与者都一样。为了节省附录篇幅，我们将两个实验条件下参与者看到的问卷合并为一个问卷，并将不同条件下有差异的题目做了标识。

1. 某品牌可乐　　2. 某品牌可乐 纤维＋

QA4. 您现在会选择喝以下哪一瓶饮料？

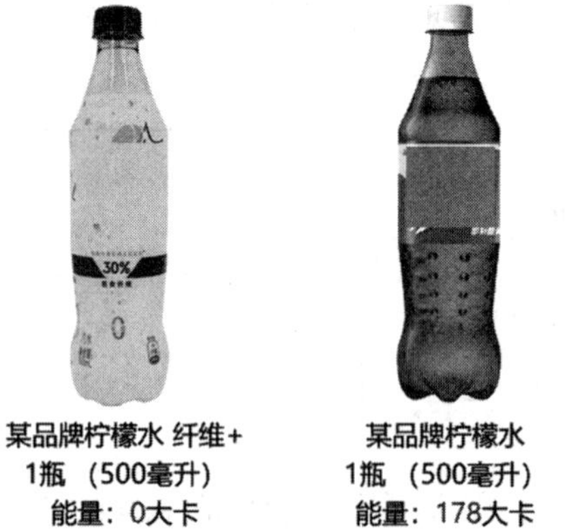

1. 某品牌柠檬水 纤维＋　2. 某品牌柠檬水

QA5. 您现在会选择喝以下哪一瓶饮料？

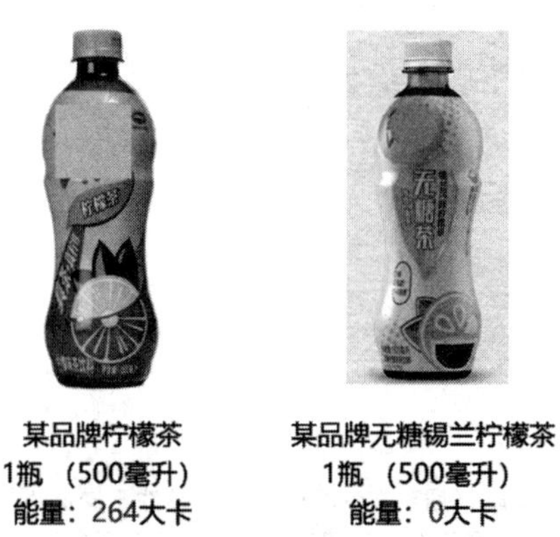

1. 某品牌柠檬茶　2. 某品牌无糖锡兰柠檬茶

QA6. 您现在会选择喝以下哪一杯咖啡？

卡布奇诺
1杯 （354毫升）
能量：120大卡

拿铁
1杯 （354毫升）
能量：190大卡

1. 卡布奇诺　　　2. 拿铁

QA7. 您现在会选择喝以下哪一瓶饮料？

某品牌维生素饮料
1瓶 （600毫升）
能量：118大卡

某品牌维生素饮料 0糖
1瓶 （600毫升）
能量：0大卡

1. 某品牌维生素饮料　2. 某品牌维生素饮料 0 糖

QA8. 您现在会选择吃以下哪一种蛋糕？

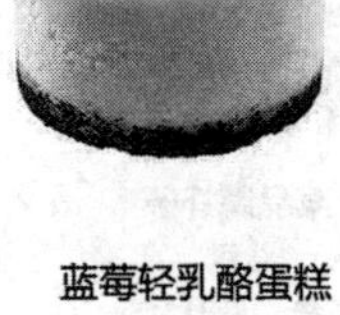

蓝莓轻乳酪蛋糕
1块
能量：257大卡

纽约芝士蛋糕
1块
能量：538大卡

1. 蓝莓轻乳酪蛋糕　　2. 纽约芝士蛋糕

QA9. 您现在会选择吃以下哪一袋薯片？

某品牌原味薯片
1包
能量：407大卡

某品牌轻焙薯片
1包
能量：333大卡

1. 某品牌原味薯片　2. 某品牌轻焙薯片

QA10. 您现在会选择吃以下哪一包饼干？

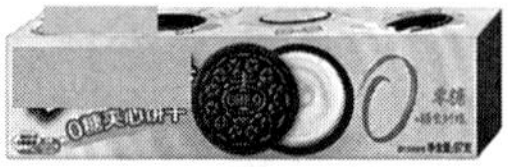

某品牌0糖夹心饼干
1包
能量：421大卡

某品牌夹心饼干
1包
能量：564大卡

1. 某品牌 0 糖夹心饼干　2. 某品牌夹心饼干

QA11. 您现在会选择吃以下哪一包零食？

某品牌虾片
1包
能量：381大卡

某品牌虾条
1包
能量：340大卡

1. 某品牌虾片　　　2. 某品牌虾条

QA12. 您现在会选择吃以下哪一种巧克力？

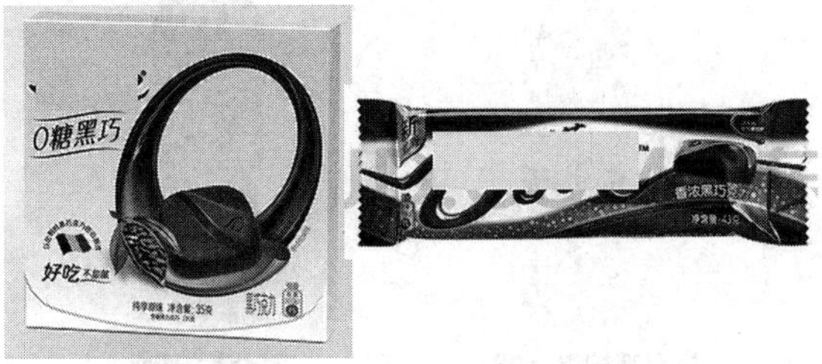

某品牌0糖黑巧　　某品牌黑巧克力
1盒　　1包
能量：167大卡　　能量：224大卡

1. 某品牌 0 糖黑巧　　2. 某品牌黑巧克力

………… QB3～QB12 是等价体力活动表示的食品信息组参与者回答的题目 …………

下面您将看到 10 组食品或饮料。请想象，如果您现在要从它们两个中选择一个的话，您会选哪个。

QB3. 您现在会选择喝以下哪一瓶饮料？

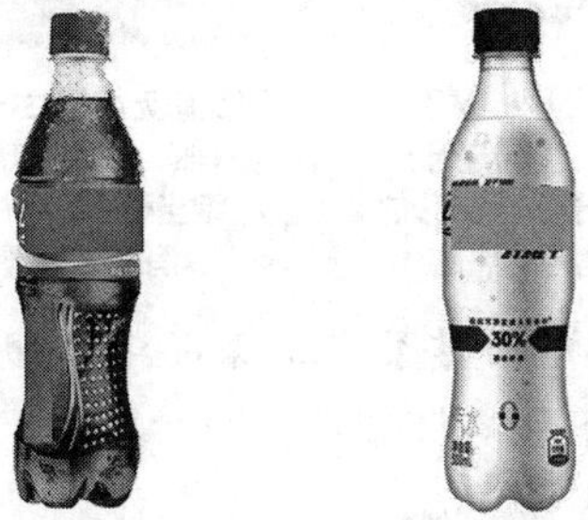

某品牌可乐　　某品牌可乐 纤维+
1瓶 （500毫升）　　1瓶 （500毫升）
相当于步行67分钟消耗的热量　　相当于步行0分钟消耗的热量

1. 某品牌可乐　　2. 某品牌可乐 纤维＋

QB4. 您现在会选择喝以下哪一瓶饮料？

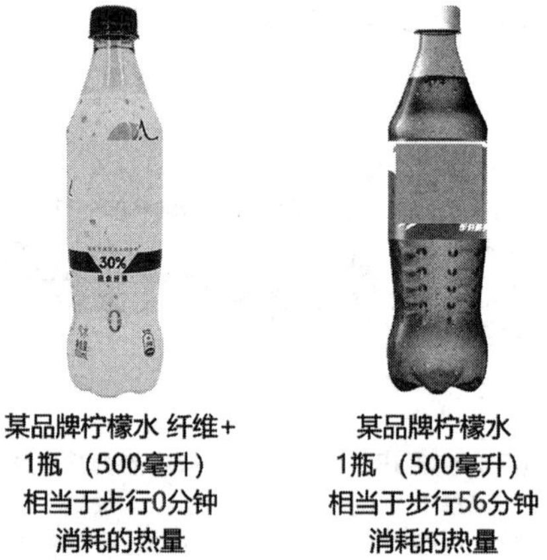

1. 某品牌柠檬水 纤维＋　2. 某品牌柠檬水

QB5. 您现在会选择喝以下哪一瓶饮料？

1. 某品牌柠檬茶　2. 某品牌无糖锡兰柠檬茶

QB6. 您现在会选择喝以下哪一杯咖啡？

1. 卡布奇诺　　　2. 拿铁

QB7. 您现在会选择喝以下哪一瓶饮料？

某品牌维生素饮料
1瓶 （600毫升）
相当于步行37分钟
消耗的热量

某品牌维生素饮料 0糖
1瓶 （600毫升）
相当于步行0分钟
消耗的热量

1. 某品牌维生素饮料　2. 某品牌维生素饮料 0 糖

QB8. 您现在会选择吃以下哪一种蛋糕？

蓝莓轻乳酪蛋糕
1块
相当于步行80分钟
消耗的热量

纽约芝士蛋糕
1块
相当于步行168分钟
消耗的热量

1. 蓝莓轻乳酪蛋糕　2. 纽约芝士蛋糕

QB9. 您现在会选择吃以下哪一袋薯片？

某品牌原味薯片
1包
相当于步行127分钟
消耗的热量

某品牌轻焙薯片
1包
相当于步行104分钟
消耗的热量

1. 某品牌原味薯片　2. 某品牌轻焙薯片

QB10. 您现在会选择吃以下哪一包饼干？

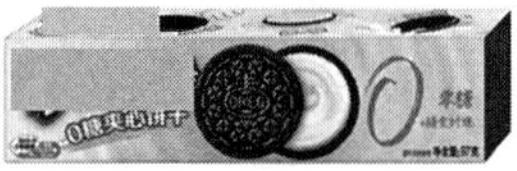

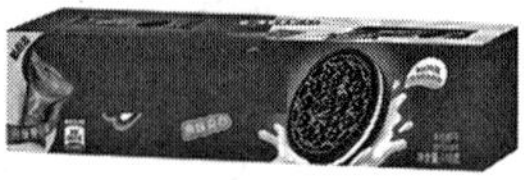

某品牌0糖夹心饼干
1包
相当于步行131分钟
消耗的热量

某品牌夹心饼干
1包
相当于步行176分钟
消耗的热量

1. 某品牌 0 糖夹心饼干　2. 某品牌夹心饼干

QB11. 您现在会选择吃以下哪一包零食？

某品牌虾片
1包
相当于步行119分钟
消耗的热量

某品牌虾条
1包
相当于步行106分钟
消耗的热量

1. 某品牌虾片　2. 某品牌虾条

QB12. 您现在会选择吃以下哪一种巧克力？

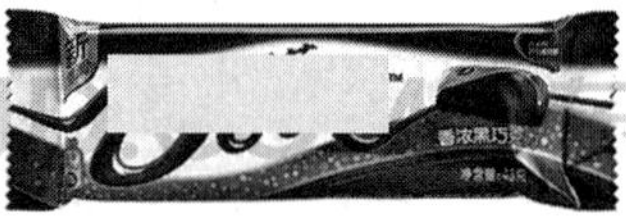

某品牌0糖黑巧
1盒
相当于步行52分钟
消耗的热量

某品牌黑巧克力
1包
相当于步行70分钟
消耗的热量

1. 某品牌 0 糖黑巧　2. 某品牌黑巧克力

Q13～Q22

问题	从不	偶尔	有时	经常	非常频繁
如果您长胖了，您会比平时少吃点吗？	1	2	3	4	5
吃饭的时候，您会吃得比您想吃的少些吗？	1	2	3	4	5
您有多频繁地因为担心长胖，而拒绝别人提供的食物或饮料？	1	2	3	4	5
您会仔细留意您吃的东西吗？	1	2	3	4	5
您会刻意吃有利于减肥的食物吗？	1	2	3	4	5
当您吃得太多时，第二天您会比平时少吃点吗？	1	2	3	4	5
您会为了避免长胖而刻意少吃一点吗？	1	2	3	4	5
您会为了减肥，尝试在两餐之间不吃东西吗？	1	2	3	4	5
您会为了减肥，尝试不吃晚餐吗？	1	2	3	4	5
您是否认为您的体重和您吃的东西有关？	1	2	3	4	5

Q23. 请问，从事中等体力活动的成年男性，每日膳食能量推荐摄入量为多少？（中等体力活动包括每天快走、骑自行车或者进行园艺劳动等活动 30 分钟）

1. 小于 1 500 大卡　2. 1 500 至 3 000 大卡　3. 3 000 至 4 500 大卡
4. 大于 4 500 大卡

Q24. 请问，从事中等体力活动的成年女性，每日膳食能量推荐摄入量为多少？（中等体力活动包括每天快走、骑自行车或者进行园艺劳动等活动 30 分钟）

1. 小于 1 500 大卡　2. 1 500 至 3 000 大卡　3. 3 000 至 4 500 大卡
4. 大于 4 500 大卡

Q25. 请问，从事轻体力活动的成年人，每日膳食能量推荐摄入量为多少？（轻体力活动指一天的大多数时间，不管是工作或是闲暇时间，都是坐着或是保持静止状态，很少或者不运动）

1. 小于 1 500 大卡　2. 1 500 至 3 500 大卡　3. 3 500 至 4 500 大卡
4. 大于 4 500 大卡

Q26. 设想掷一枚均匀的硬币 1 000 次，你认为有多少次会出现正面朝上的结果？＿＿＿＿＿＿

Q27. 在一个彩票抽奖活动中，赢得 10 美元的概率为 1%。如果 1 000 个人每人买一张这种彩票，那么大概有多少人能赢得 10 美元？＿＿＿＿＿＿

Q28. 在一次抽奖活动中，赢得一辆汽车的概率为千分之一。那么这个抽奖活动中百分之几的票可以赢得一辆汽车？____________

Q29. 你经常锻炼吗？

1. 偶尔　2. 有时　3. 经常

Q30. 您是否在控制每天摄入的食品能量？

1. 是　2. 否

Q31. 您是否在控制体重？

1. 是　2. 否

Q32. 请问您的身高是多少厘米？____________

Q33. 请问您的体重是多少？____________

Q34. 请选择您的性别

1. 男　2. 女

Q35. 请问您的年龄是________岁？

Q36. 刚才您回答关于您体重的问题时，使用的单位是斤*还是公斤？

1. 斤　2. 公斤

问卷 2　食品能量信息对食品选择的影响（研究 2）

> 感谢您参与我们的问卷调研，完成本问卷需要 5～10 分钟。本问卷采用匿名的形式，您只需回答自己的真实想法、观点。您的回答并无对错之分。我们承诺，本问卷仅用于学术研究，您的信息将会受到严格保密。
> 衷心感谢您的支持！

Q1. 请问您现在有多饿？

一点也不饿	1	2	3	4	5	6	7	非常饿

Q2. 请问您现在有多口渴？

一点也不渴	1	2	3	4	5	6	7	非常渴

接下来您将看到一包薯片，我们会针对这个产品询问您一些问题，您的回答没有对错之分，您只需要提供您的真实想法

* 1斤＝0.5千克。

这是某品牌最近新推出的黑松露味薯片，请您仔细观察其包装并回答以下问题

Q3. 您觉得这包薯片的包装设计如何？

一点也不好 1 2 3 4 5 6 7 非常好

Q4. 您觉得这包薯片看上去味道如何？

一点也不好 1 2 3 4 5 6 7 非常好

Q5. 您觉得吃了这包薯片您会感到多快乐？

一点也不快乐 1 2 3 4 5 6 7 非常快乐

Q6. 您有多大可能性购买这件产品？

一点也不会 1 2 3 4 5 6 7 非常可能

························ QA7 是卡路里表示的食品信息组参与者回答的题目[①] ························

一包该品牌黑松露味薯片所含的能量是 552 大卡

某品牌黑松露口味薯片
1包
能量：552大卡

QA7. 如果在一个下午，您打算看电影消磨时光，旁边有一袋上述薯片，您估计自己会吃掉这包薯片的百分之多少？________________

① 研究 2 中，只有第 7 题根据参与者所在的实验条件不同而不同，第 1～6 题以及第 8～31 题所有参与者都一样。为了节省附录篇幅，我们将两个实验条件下参与者看到的问卷合并为一个问卷，并将不同条件下有差异的题目做了标识。

QB7 是等价体力活动表示的食品信息组参与者回答的题目

健康的身体在于饮食和锻炼的平衡。消耗一包某品牌的黑松露味薯片所含的能量需要步行 172 分钟。

某品牌黑松露口味薯片
1包
相当于步行172分钟
消耗的能量

QB7. 如果在一个下午，您打算看电影消磨时光，旁边有一袋上述薯片，您估计自己会吃掉这包薯片的百分之多少？________

Q8～Q17

问题	从不	偶尔	有时	经常	非常频繁
如果您长胖了，您会比平时少吃点吗？	1	2	3	4	5
吃饭的时候，您会吃得比您想吃的少些吗？	1	2	3	4	5
您有多频繁地因为担心长胖，而拒绝别人提供的食物或饮料？	1	2	3	4	5
您会仔细留意您吃的东西吗？	1	2	3	4	5
您会刻意吃有利于减肥的食物吗？	1	2	3	4	5
当您吃得太多时，第二天您会比平时少吃点吗？	1	2	3	4	5
您会为了避免长胖而刻意少吃一点吗？	1	2	3	4	5
您会为了减肥，尝试在两餐之间不吃东西吗？	1	2	3	4	5
您会为了减肥，尝试不吃晚餐吗？	1	2	3	4	5
您是否认为您的体重和您吃的东西有关？	1	2	3	4	5

Q18. 请问，从事中等体力活动的成年男性，每日膳食能量推荐摄入量为多少？（中等体力活动包括每天快走、骑自行车或者进行园艺劳动等活动 30 分钟）

1. 小于 1 500 大卡　2. 1 500 至 3 500 大卡　3. 3 500 至 4 500 大卡
4. 大于 4 500 大卡

Q19. 请问，从事中等体力活动的成年女性，每日膳食能量推荐摄入量为多少？（中等体力活动包括每天快走、骑自行车或者进行园艺劳动等活动 30 分钟）
1. 小于 1 500 大卡　2. 1 500 至 3 500 大卡　3. 3 500 至 4 500 大卡
4. 大于 4 500 大卡

Q20. 请问，从事轻体力活动的成年人，每日膳食能量推荐摄入量为多少？（轻体力活动指一天的大多数时间，不管是工作或是闲暇时间，都是坐着或是保持静止状态，很少或者不运动。）
1. 小于 1 500 大卡　2. 1 500 至 3 500 大卡　3. 3 500 至 4 500 大卡
4. 大于 4 500 大卡

Q21. 设想掷一枚均匀的硬币 1 000 次，你认为有多少次会出现正面朝上的结果？__________

Q22. 在一个彩票抽奖活动中，赢得 10 美元的概率为 1%。如果 1 000 个人每人买一张这种彩票，那么大概有多少人能赢得 10 美元？__________

Q23. 在一次抽奖活动中，赢得一辆汽车的概率为千分之一。那么这个抽奖活动中百分之几的票可以赢得一辆汽车？__________

Q24. 您经常锻炼吗？
1. 偶尔　2. 有时　3. 经常

Q25. 您是否在控制每天摄入的食品能量？
1. 是　2. 否

Q26. 您是否在控制体重？
1. 是　2. 否

Q27. 请问您的身高是多少厘米？__________

Q28. 请问您的体重是多少？__________

Q29. 请选择您的性别
1. 男　2. 女

Q30. 请问您的年龄是________岁？

Q31. 刚才您回答关于您体重的问题时，使用的单位是斤还是公斤？
1. 斤　2. 公斤

问卷 3 食品能量信息对食品选择的影响（研究 3）

感谢您参与我们的问卷调研，完成本问卷需要 5～10 分钟。本问卷采用匿名的形式，您只需回答自己的真实想法、观点。您的回答并无对错之分。我们承诺，本问卷仅用于学术研究，您的信息将会受到严格保密。

衷心感谢您的支持！

Q1. 请问您现在有多饿？

一点也不饿 1 2 3 4 5 6 7 非常饿

Q2. 请问您现在有多口渴？

一点也不渴 1 2 3 4 5 6 7 非常渴

接下来您将看到一盒饼干，我们会针对这个产品询问您一些问题，您的回答没有对错之分，您只需要提供您的真实想法

这是某品牌的芝士夹心饼干，净含量 109 克，请您仔细观察其包装并回答以下问题

Q3. 您觉得这盒饼干的包装设计如何？

一点也不好 1 2 3 4 5 6 7 非常好

Q4. 您觉得这盒饼干看上去味道如何？

一点也不好 1 2 3 4 5 6 7 非常好

Q5. 您有多大可能性购买这件产品？

一点也不会 1 2 3 4 5 6 7 非常可能

…… QA6 是等价体力活动（步行）表示的食品信息组参与者回答的题目① ……

健康的身体在于饮食和锻炼的平衡。消耗一盒某品牌的芝士夹心饼干所含的能量需要步行 171 分钟。

某品牌芝士夹心饼干
1 盒
相当于步行171分钟
消耗的热量

QA6. 如果在一个下午，您打算看电影消磨时光，旁边有一盒上述饼干，您估计自己会吃掉这盒饼干的百分之多少？________________

…… QB6 是等价体力活动（跑步）表示的食品信息组参与者回答的题目 ……

健康的身体在于饮食和锻炼的平衡。消耗一盒某品牌芝士夹心饼干所含的能量需要跑步 43 分钟。

某品牌芝士夹心饼干
1 盒
相当于跑步43分钟
消耗的热量

① 研究 3 中，只有第 6 题根据参与者所在的实验条件不同而不同，第 1～5 题以及第 7～36 题所有参与者都一样。为了节省附录篇幅，我们将两个实验条件下参与者看到的问卷合并为一个问卷，并将不同条件下有差异的题目做了标识。

QB6. 如果在一个下午，您打算看电影消磨时光，旁边有一盒上述饼干，您估计自己会吃掉这盒饼干的百分之多少？________________

Q7～Q16

问题	从不	偶尔	有时	经常	非常频繁
如果您长胖了，您会比平时少吃点吗？	1	2	3	4	5
吃饭的时候，您会吃得比您想吃的少些吗？	1	2	3	4	5
您有多频繁地因为担心长胖，而拒绝别人提供的食物或饮料？	1	2	3	4	5
您会仔细留意您吃的东西吗？	1	2	3	4	5
您会刻意吃有利于减肥的食物吗？	1	2	3	4	5
当您吃得太多时，第二天您会比平时少吃点吗？	1	2	3	4	5
您会为了避免长胖而刻意少吃一点吗？	1	2	3	4	5
您会为了减肥，尝试在两餐之间不吃东西吗？	1	2	3	4	5
您会为了减肥，尝试不吃晚餐吗？	1	2	3	4	5
您是否认为您的体重和您吃的东西有关？	1	2	3	4	5

下面您将看到一系列陈述，请选择每个陈述有多符合您的情况

Q17～Q25

问题	一点也不符合			非常符合
经常反思自己的健康状况	1	2	3	4
我对自己的健康状况非常敏感	1	2	3	4
我通常会关注自己对健康的内在感受	1	2	3	4
我会经常检查自己的健康状况	1	2	3	4
我对自己健康状况的变化保持警觉	1	2	3	4
我经常关注自己的健康状况	1	2	3	4
我会意识到一天当中自己健康状况随时间发生的变化	1	2	3	4
我会意识到一天当中自己身体的感受随时间发生的变化	1	2	3	4
我很关心自己是否健康	1	2	3	4

Q26. 请问，从事中等体力活动的成年男性，每日膳食能量推荐摄入量为多少？（中等体力活动包括每天快走、骑自行车或者进行园艺劳动等活动 30 分钟）

1. 小于 1 500 大卡　2. 1 500 至 3 500 大卡　3. 3 500 至 4 500 大卡

4. 大于 4 500 大卡

Q27. 请问，从事中等体力活动的成年女性，每日膳食能量推荐摄入量为多少？
(中等体力活动包括每天快走、骑自行车或者进行园艺劳动等活动 30 分钟)
1. 小于 1 500 大卡　2. 1 500 至 3 500 大卡　3. 3 500 至 4 500 大卡
4. 大于 4 500 大卡

Q28. 请问，从事轻体力活动的成年人，每日膳食能量推荐摄入量为多少？
(轻体力活动指一天的大多数时间，不管是工作或是闲暇时间，都是坐着或是保持静止状态，很少或者不运动)
1. 小于 1 500 大卡　2. 1 500 至 3 500 大卡　3. 3 500 至 4 500 大卡
4. 大于 4 500 大卡

Q29. 设想掷一枚均匀的硬币 1 000 次，您认为有多少次会出现正面朝上的结果？ ________

Q30. 在一个彩票抽奖活动中，赢得 10 美元的概率为 1%。如果 1 000 个人每人买一张这种彩票，那么大概有多少人能赢得 10 美元？ ________

Q31. 在一次抽奖活动中，赢得一辆汽车的概率为千分之一。那么这个抽奖活动中百分之几的票可以赢得一辆汽车？ ________

Q32. 请问您的身高是多少厘米？ ________

Q33. 请问您的体重是多少？ ________

Q34. 请选择您的性别
1. 男　2. 女

Q35. 请问您的年龄是________岁？

Q36. 刚才您回答关于您体重的问题时，使用的单位是斤还是公斤？
1. 斤　2. 公斤

问卷 4　预期负面情绪的中介作用（研究 4）

> 感谢您参与我们的问卷调研，完成本问卷需要 5～10 分钟。本问卷采用匿名的形式，您只需回答自己的真实想法、观点。您的回答并无对错之分。我们承诺，本问卷仅用于学术研究，您的信息将会受到严格保密。
> 衷心感谢您的支持！

Q1. 请问您现在有多饿？

一点也不饿　1　2　3　4　5　6　7　非常饿

Q2. 请问您现在有多口渴？

一点也不渴　1　2　3　4　5　6　7　非常渴

接下来您将看到一盒饼干，我们会针对这个产品询问您一些问题，您的回答没有对错之分，您只需要提供您的真实想法

这是某品牌的芝士夹心饼干，净含量 109 克，请您仔细观察其包装并回答以下问题

Q3. 您觉得这盒饼干的包装设计如何？

一点也不好　1　2　3　4　5　6　7　非常好

Q4. 您觉得这盒饼干看上去味道如何？

一点也不好　1　2　3　4　5　6　7　非常好

Q5. 您有多大可能性购买这件产品？

一点也不会　1　2　3　4　5　6　7　非常可能

------ QA6 是卡路里表示的食品信息组参与者回答的题目① ------

一盒某品牌的芝士夹心饼干的能量是 547 大卡

某品牌芝士夹心饼干
1 盒
能量：547大卡

① 研究 4 中，只有第 6 题根据参与者所在的实验条件不同而不同，第 1～5 题以及第 7～38 题所有参与者都一样。为了节省附录篇幅，我们将两个实验条件下参与者看到的问卷合并为一个问卷，并将不同条件下有差异的题目做了标识。

QA6. 如果在一个下午，您打算看电影消磨时光，旁边有一盒上述饼干，您估计自己会吃掉这盒饼干的百分之多少？________________

·················· QB6 是等价体力活动表示的食品信息组参与者回答的题目 ··················

健康的身体在于饮食和锻炼的平衡。消耗一盒某品牌芝士夹心饼干所含的能量需要跑步 43 分钟。

某品牌芝士夹心饼干
1 盒
相当于跑步43分钟
消耗的热量

QB6. 如果在一个下午，您打算看电影消磨时光，旁边有一盒上述饼干，您估计自己会吃掉这盒饼干的百分之多少？________________

Q7～Q9

问题	一点也不						非常
您觉得如果您吃过这盒饼干后，您会感到多内疚	1	2	3	4	5	6	7
您觉得如果您吃过这盒饼干后，您会感到多羞愧	1	2	3	4	5	6	7
您觉得如果您吃过这盒饼干后，您会感到多后悔	1	2	3	4	5	6	7

Q10～Q19

问题	从不	偶尔	有时	经常	非常频繁
如果您长胖了，您会比平时少吃点吗？	1	2	3	4	5
吃饭的时候，您会吃得比您想吃的少些吗？	1	2	3	4	5
您有多频繁地因为担心长胖，而拒绝别人提供的食物或饮料？	1	2	3	4	5
您会仔细留意您吃的东西吗？	1	2	3	4	5

（续）

问题	从不	偶尔	有时	经常	非常频繁
您会刻意吃有利于减肥的食物吗?	1	2	3	4	5
当您吃得太多时，第二天您会比平时少吃点吗?	1	2	3	4	5
您会为了避免长胖而刻意少吃一点吗?	1	2	3	4	5
您会为了减肥，尝试在两餐之间不吃东西吗?	1	2	3	4	5
您会为了减肥，尝试不吃晚餐吗?	1	2	3	4	5
您是否认为您的体重和您吃的东西有关?	1	2	3	4	5

下面您将看到一系列陈述，请选择每个陈述有多符合您的情况

Q20～Q28

问题	一点也不符合			非常符合
经常反思自己的健康状况	1	2	3	4
我对自己的健康状况非常敏感	1	2	3	4
我通常会关注自己对健康的内在感受	1	2	3	4
我会经常检查自己的健康状况	1	2	3	4
我对自己健康状况的变化保持警觉	1	2	3	4
我经常关注自己的健康状况	1	2	3	4
我会意识到一天当中自己健康状况随时间发生的变化	1	2	3	4
我会意识到一天当中自己身体的感受随时间发生的变化	1	2	3	4
我很关心自己是否健康	1	2	3	4

Q29. 请问，从事中等体力活动的成年男性，每日膳食能量推荐摄入量为多少?（中等体力活动包括每天快走、骑自行车或者进行园艺劳动等活动 30 分钟）

1. 小于 1 500 大卡　2. 1 500 至 3 500 大卡　3. 3 500 至 4 500 大卡
4. 大于 4 500 大卡

Q30. 请问，从事中等体力活动的成年女性，每日膳食能量推荐摄入量为多少?（中等体力活动包括每天快走、骑自行车或者进行园艺劳动等活动 30 分钟）

1. 小于 1 500 大卡　2. 1 500 至 3 500 大卡　3. 3 500 至 4 500 大卡
4. 大于 4 500 大卡

Q31. 请问，从事轻体力活动的成年人，每日膳食能量推荐摄入量为多少？（轻体力活动指一天的大多数时间，不管是工作或是闲暇时间，都是坐着或是保持静止状态，很少或者不运动）

1. 小于 1 500 大卡　2. 1 500 至 3 500 大卡　3. 3 500 至 4 500 大卡

4. 大于 4 500 大卡

Q32. 设想掷一枚均匀的硬币 1 000 次，你认为有多少次会出现正面朝上的结果？__________

Q33. 在一个彩票抽奖活动中，赢得 10 美元的概率为 1%。如果 1 000 个人每人买一张这种彩票，那么大概有多少人能赢得 10 美元？__________

Q34. 在一次抽奖活动中，赢得一辆汽车的概率为千分之一。那么这个抽奖活动中百分之几的票可以赢得一辆汽车？__________

Q35. 请问您的身高是多少厘米？__________

Q36. 请问您的体重是多少？__________

Q37. 请选择您的性别

1. 男　2. 女

Q38. 请问您的年龄是________岁？

Q39. 刚才您回答关于您体重的问题时，使用的单位是斤还是公斤？

1. 斤　2. 公斤

问卷 5　食品类型的调节作用（研究 5）

> 感谢您参与我们的问卷调研，完成本问卷需要 5～10 分钟。本问卷采用匿名的形式，您只需回答自己的真实想法、观点。您的回答并无对错之分。我们承诺，本问卷仅用于学术研究，您的信息将会受到严格保密。
> 衷心感谢您的支持！

Q1. 请问您现在有多饿？

一点也不饿　1　2　3　4　5　6　7　非常饿

Q2. 请问您现在有多口渴？

一点也不渴　1　2　3　4　5　6　7　非常渴

接下来您将看到几种食物，我们会针对这几个产品询问您一些问题，您的回答没有对错之分，您只需要提供您的真实想法

这是某品牌新推出的黑松露味薯片，请您仔细观察其包装并回答以下问题

Q3. 您觉得这包薯片看上去味道如何？

一点也不好　　1　　2　　3　　4　　5　　6　　7　　非常好

这是某线上平台新上架的葡萄，请您仔细观察该图片并回答以下问题

Q4. 您觉得这串葡萄看上去味道如何？

一点也不好　　1　　2　　3　　4　　5　　6　　7　　非常好

······ QA5 是卡路里表示的食品信息 & 不健康食品组参与者回答的题目[①] ······

一包某品牌黑松露味薯片所含的能量是 552 大卡

某品牌黑松露口味薯片
1包
能量：552大卡

① 研究 5 中，只有第 5 题根据参与者所在的实验条件不同而不同，第 1～4 题以及第 6～29 题所有参与者都一样。为了节省附录篇幅，我们将四个实验条件下参与者看到的问卷合并为一个问卷，并将不同条件下有差异的题目做了标识。

QA5. 如果在一个下午，您打算看电影消磨时光，旁边有一袋上述薯片，您估计自己会吃掉这包薯片的百分之多少？________________

…… QB5 是等价体力活动表示的食品信息 & 不健康食品组参与者回答的题目 ……

健康的身体在于饮食和锻炼的平衡。消耗一包某品牌的黑松露味薯片所含的能量需要步行 172 分钟

某品牌黑松露口味薯片
1包
相当于步行172分钟
消耗的能量

QB5. 如果在一个下午，您打算看电影消磨时光，旁边有一袋上述薯片，您估计自己会吃掉这包薯片的百分之多少？________________

…………QC5 是卡路里表示的食品信息 & 健康食品组参与者回答的题目…………

一串巨峰葡萄所含的能量是 194 大卡

巨峰葡萄
1串
能量：194大卡

QC5. 如果在一个下午，您打算看电影消磨时光，旁边有一串上述巨峰葡萄，您估计自己会吃掉这串葡萄的百分之多少？________________

……QD5 是等价体力活动表示的食品信息 & 健康食品组参与者回答的题目……

健康的身体在于饮食和锻炼的平衡。消耗一串巨峰葡萄所含的能量需要步行 60 分钟

巨峰葡萄
1串
相当于步行60分钟
消耗的能量

QD5. 如果在一个下午，您打算看电影消磨时光，旁边有一串上述巨峰葡萄，您估计自己会吃掉这串葡萄的百分之多少？________

Q6～Q15

问题	从不	偶尔	有时	经常	非常频繁
如果您长胖了，您会比平时少吃点吗？	1	2	3	4	5
吃饭的时候，您会吃得比您想吃的少些吗？	1	2	3	4	5
您有多频繁地因为担心长胖，而拒绝别人提供的食物或饮料？	1	2	3	4	5
您会仔细留意您吃的东西吗？	1	2	3	4	5
您会刻意吃有利于减肥的食物吗？	1	2	3	4	5
当您吃得太多时，第二天您会比平时少吃点吗？	1	2	3	4	5
您会为了避免长胖而刻意少吃一点吗？	1	2	3	4	5
您会为了减肥，尝试在两餐之间不吃东西吗？	1	2	3	4	5
您会为了减肥，尝试不吃晚餐吗？	1	2	3	4	5
您是否认为您的体重和您吃的东西有关？	1	2	3	4	5

Q16. 请问，从事中等体力活动的成年男性，每日膳食能量推荐摄入量为多少？（中等体力活动包括每天快走、骑自行车或者进行园艺劳动等活动 30 分钟）

1. 小于 1 500 大卡　2. 1 500 至 3 500 大卡　3. 3 500 至 4 500 大卡

4. 大于 4 500 大卡

Q17. 请问，从事中等体力活动的成年女性，每日膳食能量推荐摄入量为多少？（中等体力活动包括每天快走、骑自行车或者进行园艺劳动等活动 30 分钟）

1. 小于 1 500 大卡　2. 1 500 至 3 500 大卡　3. 3 500 至 4 500 大卡

4. 大于 4 500 大卡

Q18. 请问，从事轻体力活动的成年人，每日膳食能量推荐摄入量为多少？（轻体力活动指一天的大多数时间，不管是工作或是闲暇时间，都是坐着或是保持静止状态，很少或者不运动）

1. 小于 1 500 大卡　2. 1 500 至 3 500 大卡　3. 3 500 至 4 500 大卡

4. 大于 4 500 大卡

Q19. 设想掷一枚均匀的硬币 1 000 次，你认为有多少次会出现正面朝上的结果？___________

Q20. 在一个彩票抽奖活动中，赢得 10 美元的概率为 1%。如果 1 000 个人每人买一张这种彩票，那么大概有多少人能赢得 10 美元？___________

Q21. 在一次抽奖活动中，赢得一辆汽车的概率为千分之一。那么这个抽奖活动中百分之几的票可以赢得一辆汽车？___________

Q22. 您经常锻炼吗？

1. 偶尔　2. 有时　3. 经常

Q23. 您是否在控制每天摄入的食品能量？

1. 没有控制　2. 有控制

Q24. 您是否在控制体重？

1. 没有　2. 有

Q25. 请问您的身高是多少厘米？___________

Q26. 请问您的体重是多少？___________

Q27. 请选择您的性别

1. 男　2. 女

Q28. 请问您的年龄是________岁？

Q29. 刚才您回答关于您体重的问题时，使用的单位是斤还是公斤？

1. 斤　2. 公斤

问卷 6　决策情境的调节作用（研究 6）

> 感谢您参与我们的问卷调研，完成本问卷需要 5～10 分钟。本问卷采用匿名的形式，您只需回答自己的真实想法、观点。您的回答并无对错之分。我们承诺，本问卷仅用于学术研究，您的信息将会受到严格保密。
> 衷心感谢您的支持！

Q1. 请问您现在有多饿？

一点也不饿　1　2　3　4　5　6　7　非常饿

Q2. 请问您现在有多口渴？

一点也不渴　1　2　3　4　5　6　7　非常渴

QA3～QA5 是计算条件下的参与者回答的题目[①]

QA3. 如果一个物体以每分钟 5 米的速度移动，那么 360 秒后，这个物体会移动多少？ ____________

QA4. 如果一位家庭主妇花了 64 元买了 2 斤排骨，那么平均一斤排骨多少元？

____

QA5. 如果一个消费者花了 540 元买了 30 本书，那么平均一本书多少元？

____

QB3～QB5 是情感条件下的参与者回答的题目

QB3. 当您听到“婴儿”这个词时，您有什么感觉？

请用一个词来形容您的主要感受。____________

QB4. 当您听到“大熊猫”这个词时，您有什么感觉？

请用一个词来形容您的主要感受。____________

① 研究 6 中，参与者问卷的第 3～5 题依据其是在根据分析做决策情境下还是根据情感做决策的情境下而定，第 7 题依据其是在卡路里表示的食品能量信息条件下还是等价体力活动表示的食品能量信息条件下而定，第 1～2 题、第 6 题以及第 8～31 题所有参与者都一样。为了节省附录篇幅，我们将四个实验条件下参与者看到的问卷合并为一个问卷，并将不同条件下有差异的题目做了标识。

QB5. 当您听到“减肥”这个词时，您有什么感觉？

请用一个词来形容您的主要感受。__________

接下来您将看到一种食物，我们会针对这个产品询问您一些问题，您的回答没有对错之分，您只需要提供您的真实想法

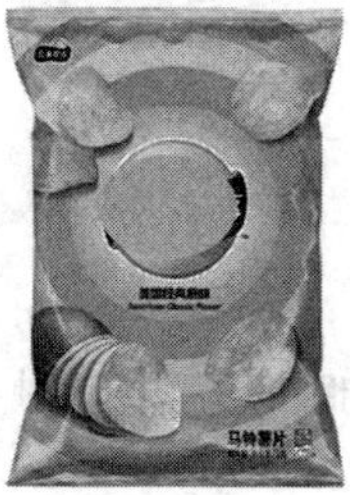

这是某品牌推出的原味薯片，请您仔细观察其包装并回答以下问题

Q6. 您觉得这包薯片看上去味道如何？

一点也不好　1　2　3　4　5　6　7　非常好

…… QA7 是卡路里表示的食品信息条件下的参与者回答的题目 ……

一包某品牌原味薯片所含的能量是 396 大卡

某品牌原味薯片
1包
能量：396大卡

QA7. 如果在一个下午，您打算看电影消磨时光，旁边有一袋上述薯片，您估计自己会吃掉这包薯片的百分之多少？__________

…… QB7 是等价体力活动表示的食品信息条件下的参与者回答的题目 ……

健康的身体在于饮食和锻炼的平衡。消耗一包某品牌原味薯片所含的能量需要

步行 123 分钟

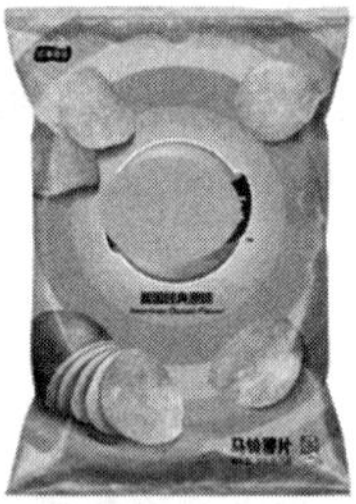

某品牌原味薯片
1包
相当于步行123分钟
消耗的能量

QB7. 如果在一个下午，您打算看电影消磨时光，旁边有一袋上述薯片，您估计自己会吃掉这包薯片的百分之多少？________________

Q8～Q17

问题	从不	偶尔	有时	经常	非常频繁
如果您长胖了，您会比平时少吃点吗？	1	2	3	4	5
吃饭的时候，您会吃得比您想吃的少些吗？	1	2	3	4	5
您有多频繁地因为担心长胖，而拒绝别人提供的食物或饮料？	1	2	3	4	5
您会仔细留意您吃的东西吗？	1	2	3	4	5
您会刻意吃有利于减肥的食物吗？	1	2	3	4	5
当您吃得太多时，第二天您会比平时少吃点吗？	1	2	3	4	5
您会为了避免长胖而刻意少吃一点吗？	1	2	3	4	5
您会为了减肥，尝试在两餐之间不吃东西吗？	1	2	3	4	5
您会为了减肥，尝试不吃晚餐吗？	1	2	3	4	5
您是否认为您的体重和您吃的东西有关？	1	2	3	4	5

Q18. 请问，从事中等体力活动的成年男性，每日膳食能量推荐摄入量为多少？（中等体力活动包括每天快走、骑自行车或者进行园艺劳动等活动 30 分钟）

1. 小于 1 500 大卡　2. 1 500 至 3 500 大卡　3. 3 500 至 4 500 大卡
4. 大于 4 500 大卡

Q19. 请问，从事中等体力活动的成年女性，每日膳食能量推荐摄入量为多少？（中等体力活动包括每天快走、骑自行车或者进行园艺劳动等活动 30 分钟）

1. 小于 1 500 大卡　2. 1 500 至 3 500 大卡　3. 3 500 至 4 500 大卡　4. 大于 4 500 大卡

Q20. 请问，从事轻体力活动的成年人，每日膳食能量推荐摄入量为多少？（轻体力活动指一天的大多数时间，不管是工作或是闲暇时间，都是坐着或是保持静止状态，很少或者不运动）

1. 小于 1 500 大卡　2. 1 500 至 3 500 大卡　3. 3 500 至 4 500 大卡　4. 大于 4 500 大卡

Q21. 设想掷一枚均匀的硬币 1 000 次，您认为有多少次会出现正面朝上的结果？__________

Q22. 在一个彩票抽奖活动中，赢得 10 美元的概率为 1%。如果 1 000 个人每人买一张这种彩票，那么大概有多少人能赢得 10 美元？__________

Q23. 在一次抽奖活动中，赢得一辆汽车的概率为千分之一。那么这个抽奖活动中百分之几的票可以赢得一辆汽车？__________

Q24. 您经常锻炼吗？

1. 偶尔　2. 有时　3. 经常

Q25. 您是否在控制每天摄入的食品能量？

1. 没有控制　2. 有控制

Q26. 您是否在控制体重？

1. 没有　2. 有

Q27. 请问您的身高是多少厘米？__________

Q28. 请问您的体重是多少？__________

Q29. 请选择您的性别

1. 男　2. 女

Q30. 请问您的年龄是_______岁？

Q31. 刚才您回答关于您体重的问题时，使用的单位是斤还是公斤？

1. 斤　2. 公斤

附录二　实验中使用的刺激物能量的计算

1. 实验 1 中使用的刺激物能量的计算（示例）

例：1 瓶某品牌可乐（500 毫升）=215 大卡

转换成消耗该能量所需步行的时间：

3.22 千米/小时的速度步行=3.2 大卡/分钟（对体重为 73 公斤的成年人而言）

$$\frac{290\text{ 大卡}}{3.2\text{ 大卡/分钟}}\approx 91\text{ 分钟}$$

2. 实验 3 中使用的刺激物能量的计算

例：1 盒某品牌的芝士夹心饼干（109 克）=547 大卡

转换成消耗该能量所需步行的时间：

3.22 千米/小时的速度步行=3.2 大卡/分钟（对体重为 73 公斤的成年人而言）

$$\frac{547\text{ 大卡}}{3.2\text{ 大卡/分钟}}\approx 171\text{ 分钟}$$

转换成消耗该能量所需跑步的时间：

9.66 千米/小时的速度跑步=12.8 大卡/分钟

（对体重为 73 公斤的成年人而言）

$$\frac{547\text{ 大卡}}{12.8\text{ 大卡/分钟}}\approx 43\text{ 分钟}$$

后　记

本书受到教育部人文社会科学研究青年基金项目“基于体力活动的食品能量信息对消费者决策的影响研究”（17YJC630152），国家自然科学基金青年科学基金项目“广播还是窄播？传播方式对口碑感知有用性的影响研究”（71902073），以及作者所在的河南农业大学和河南农业大学经济与管理学院的资助。

本书由王晗蔚和郑伟程合作撰写。王晗蔚负责第1、2、3、5章以及前言、参考文献和附录的整理，郑伟程负责第4、6章。

感谢中国农业出版社的闫保荣编辑及其出版社同仁，感谢他们的细致工作，在他们的大力支持和帮助下本书得以最终出版，在此表示诚挚的谢意！

王晗蔚

2023年2月

图书在版编目（CIP）数据

基于体力活动的食品能量信息对消费者决策的影响研究 / 王晗蔚，郑伟程著. —北京：中国农业出版社，2023.3

ISBN 978-7-109-30514-4

Ⅰ.①基… Ⅱ.①王… ②郑… Ⅲ.①消费者行为论－研究 Ⅳ.①F713.55

中国国家版本馆 CIP 数据核字（2023）第 044739 号

中国农业出版社出版

地址：北京市朝阳区麦子店街 18 号楼

邮编：100125

责任编辑：王秀田　　文字编辑：张楚翘

版式设计：杜　然　　责任校对：吴丽婷

印刷：三河市国英印务有限公司

版次：2023 年 3 月第 1 版

印次：2023 年 3 月河北第 1 次印刷

发行：新华书店北京发行所

开本：700mm×1000mm　1/16

印张：8.75

字数：155 千字

定价：68.00 元
